大人の
服選びの教科書

パーソナルスタイリスト
霜鳥まき子

サンマーク出版

似合うと言われた
服が好みじゃ
なかった……

自分に似合う服が
少なすぎる。
「似合う服」って
どうやって探せばいいの？

イメージ通りにならなくて、
家を出る前に何度も
服を替えるときがある

着る服を考える
時間がない。
短時間でぱっと
選べるようになりたい

そもそも
着たい服がない。
自分に似合って使える服だけ
買いたい

服はたくさん持ってるのに、
よく着るのは
ほんの数着だけ

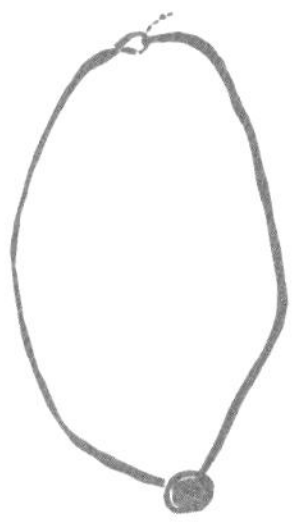

この服なんだか
しっくりこない。

買うのやめとけば良かった

買い物に行っても
どう選べばいいのか
分からない。
とにかくめんどくさい

これらの悩みは全部
大人の服選びのルール
がわかれば解決できます！

「似合う服を知りたい」。これは、私のお客様がみなさん口を揃えて言う言葉です。

私のお客様の多くは、服選びにずっと迷い続けていた方でした。

彼女たちは数多ある「似合う服の診断法」からいくつかを試し、自己診断したりカウンセリングを受けたりしています。

にもかかわらず私のところに「似合う服がわからないから教えてほしい」といらっしゃるのは、なぜでしょうか。

その理由は、どの診断法も「似合う」に必要な要素がわかるものではなかったからです。もちろん、他の診断法を否定するわけではありません。どの診断法も、似合う服を選びとるために必要な観点から、似合う服を診断しています。しかし、多くの診断法は1要素だけにフォーカスして似合う服を決めています。だから私のところに来たお客様は1つの要素に囚われており、他の要素を見過ごしていることが多かったのです。

これまで似合う服に出会えなかった方は、この機会に「スタイルよく見える服がほしい」「仕事ができるように見せたい」など、自分がどう見られたいのかをよく考えてみてください。どう思われたいかも服を選ぶうえでの大切な要素で、「似合う服」のルールがわかってはじめて叶うものだからです。

では似合う服を簡単に選べるようになるために最も重要な5つの要素とはなんでしょうか。それを一つずつご説明しましょう。

1 他人からどう見えるかを知る

着る人のイメージと服のバランスがとれていることが「似合う」に必要な条件。なかでも重要なパーツは顔と声です。

2 正しく診断する

お客様に話を聞くと自己診断を間違えているケースも少なからずあります。原因は、一般の方はスタイリストと違って、診断経験数が当然少ないから。たとえば「肌の白さ」を判断する場合、何百人を見てきているプロと、自分と周囲の数十人程度で比較する一般の方とでは、判断基準が違います。間違えるのも無理はありません。

3 着こなしの鉄則を知る

クールな人がクールな服を着ると怖そうに見えることもあります。似合う服とは自分の良さをうまく引き出してくれる服のこと。それには着こなしのさじ加減を知る必要があります。

4 買ったままの服を着ない

いくら似合う服でも、残念ながらそのまま着ては似合う状態にはなりません。モデルさんが服を着た後、スタイリストが袖を折ったり丈を調整したりするように、「着こなし」も欠かせない要素の1つです。

5 「街で着ても似合うか」を購入前に見極める

試着室で素敵に見えたのに、いざ家で着ると微妙だったことはありませんか。試着も大切ですが、じつは試着室のあなたと普段のあなたは似て非なるもの。普段着ても似合うかを見極めるにはいくつかのコツがあります。

この5つのどこかでつまずくと似合う服迷子になってしまうわけです。似合う服を見つけるためだけにこんなたくさんのことを考えないといけないなんて……と、めんどくさく思うかもしれません。そこで本書では、1は1～2章と4章、2は1章、3は2章、4は3～4章、5は5章でそれぞれを解決できるようになっています。

私はパーソナルスタイリストとしてこれまで15年間、約2万人の似合う服を探し続けてきました。このキャリアを通じて、お客様の何を見て、何を考えながら「似合う」服を選んでいるかを言語化できるようになりました。本書の3つの診断は、そうした「似合う服の見つけ方」をまとめたものです。

3つも診断するなんて大変そうという方は、1つ目のイメージ診断だけでも大丈夫。6ページでご紹介した1と3の要素がわかる、特に重要な診断です。なおかつ2のポイントにも配慮しました。

●イメージ診断

自分がどういう印象を与えやすいのかを知り、服選びや服の着方の鉄則を知る診断です。服選びの失敗をなくす診断とも言えます。と言っても、印象通りの服をすすめるわけではありません。持たれるイメージはポジティブなものだけでなく、「気が弱く見える」「怖く見られる」などネガティブなものも含まれるからです。自分がどう見られやすいかを判断して、印象をカバーする方法を知りましょう。

次に行うスタイル診断は自信を持って服を選べるようになるための診断で、似合う服の形がわかります。

●スタイル診断

ここでのスタイル診断は、身長や体重で判断するものではありません。見るのはボディバランス。頭の先からつま先までのバランスを知り、上半身を引き立たせたほうがスタイルよく見えるのか、下半身を引き立たせたほうがスタイルよく見えるのかがわかります。すると、どんな形の服を選ぶべきか、迷わなくなるのです。スタイル診断で、良い部分を存分に生かし、カバーしたい部分をカバーできる服を選べるようになりましょう。

最後のカラー診断は、おしゃれをもっと楽しみたい方に是非試してほしい診断です。似合う服の柄や素材やアクセサリー、色がわかるのでより服選びの幅が広がり、個性を出せるおしゃれ上級者に近づきます。

●カラー診断

似合う色がわかると有名なカラー診断。ここでは似合う色以外に、似合う柄の雰囲気や服の素材、アクセサリーのボリュームや質感までを明らかにします。柄や素材、質感、ボリュームまで見極められると、数ある柄ワンピースの中から似合うものを一目で見つけることができたり、似たような服がたくさん売られているなかでも自分に合う一着を選び取ったりできます。

よくある似合う服診断の落とし穴

これまでパーソナルスタイリストとして、数多くの似合う服迷子さんの話をお聞きしてきました。すると、多くの方が似合う服を探す途中でぶつかる壁が浮かびあがってきたのです。

それが、「既存の診断法だと判断基準が抽象的で曖昧なこと」「紹介される『似合う服』がワンパターンなこと」「そのまま着ると似合わなく見えること」の3つです。特に「『似合う服』がワンパターンなこと」に関しては「フレアスカートが似合うと書いてあるけれど、私はふわふわした服は好みではない」といった方も多く根深い問題でした。

そこで本書では「数字など具体的な基準で判断できるようにする」「避けるべきものや選ぶときのポイントを示し、より幅広く選べるようにする」「細かい着こなしテクニックいらずの服を紹介する」の3つにこだわっています。似合う服を長い間探し続けている方も服診断に疑心暗鬼になっている方も、まずは「イメージ診断」だけでもお試しください。

似合う服に出会えると、服を選ぶのが楽しくなります。全体のバランスがよく見えたり顔色がよく見えたりして、見た目ががらっと変わることももちろん理由の1つです。

でも、それだけではありません。持たれる印象をコントロールできるようになるのが何よりの理由です。個性を出して自分らしさを表現したり、「こうなりたい」という人物像を演出したりできます。すると自分らしく生きやすくなったり、まわりからの印象が変わって目標が達成できたりするのです。

実際に私は「就職したい」「結婚したい」「選挙に当選したい」というお客様の願いを服で叶えてきました。

服を楽しむ、そして人生を楽しむのに、身長も体重も関係ありません。似合う服を着て街に出てみませんか。

CONTENTS

Lesson 1

3分後には一生服に迷わなくなる！スタイリストの「似合う服診断」

Lesson 2

本当に似合う服だけ選べるようになる霜鳥スタイリング

Lesson 3

何を買ったらいいかわからない人のための選び方ガイド

Lesson 4

「好きだけど似合わない」服も似合わせるテクニック

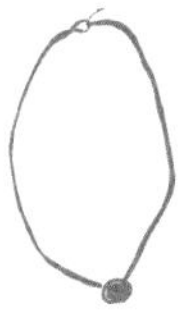

Lesson 5
服を選ぶのが楽しくなる7つのアドバイス

ブックデザイン　bitter design
撮影　福田諭（fort）
撮影協力　Ayuko
イラスト　ほりはたまお
　森千章
DTP　天龍社
校正　鷗来堂
編集　蓮見美帆（サンマーク出版）

Lesson. 1

３分後には
一生服に迷わなくなる！
スタイリストの
「似合う服診断」

着こなしの鉄則がわかる
イメージ診断にトライ

さっそく、イメージ診断を始めましょう！　チェックするのは、**1**「目の形と縦幅、唇の厚さ、顔形、眉の縦幅と形」と**2**「声」です。**1**と**2**の組み合わせで、あなたが何タイプなのかがわかります。

[目の形]

上まぶたの山が、中央か黒目より内側にありますか。

[目の縦幅]

目は二重ですか。もしくは目の縦幅が、眉の縦幅の２倍以上ありますか。一重や奥二重の方でも、目の縦幅が眉の縦幅の２倍以上あれば「はい」としてください。

[唇の厚さ]

上唇：下唇＝1：1.25より下唇が厚いですか。

[顔形]

顔の縦幅と横幅を比較してください。どちらもいちばん長くなるところを測定してください。縦幅と横幅が1：1ですか。どちらかの幅がもう一方より短ければ「いいえ」としてください。

[眉の形]

眉を抜いたり剃《そ》ったりしている方は、地眉ではなく整えた後の眉でチェックしてください。眉下のラインがラウンドですか。フラットならば「いいえ」としてください。

[声]

まず、手を喉に当てたらつばを飲み込んで喉仏の位置を確認してください。次に喉仏からデコルテにかけて手の平を当てて声を出してください。このとき喉仏が上がり胸が振動したら「高い声」、喉仏が下がり胸の振動が少なければ「低い声」とします。

イメージ診断 診断結果

- 1は「はい」が4つ以上、2高い → ガーベラタイプ
- 1は「はい」が4つ以上、2低い → バラタイプ
- 1は「はい」が3つ、2高い → サクラタイプ
- 1は「はい」が3つ、2低い → マーガレットタイプ
- 1は「はい」が2つ、2高い → ユリタイプ
- 1は「はい」が2つ、2低い → ツバキタイプ
- 1は「はい」が1つ以下、2高い → スズランタイプ
- 1は「はい」が1つ以下、2低い → スミレタイプ

顔のパーツであなたの印象が決まる

[目の形] 目の形は「クール」「おとなしそう」などの印象を宿すポイントです。

[唇の厚さ] 唇は見た目年齢をつかさどるパーツです。

[顔形] 似合う服のラインが顔形によって変わってきます。

[眉の形] 眉の形、とくに眉下のラインがその人の性格をイメージさせます。

[声] 声は服に一見関係なさそうですが、
人の第一印象をつくる重要な要素です。

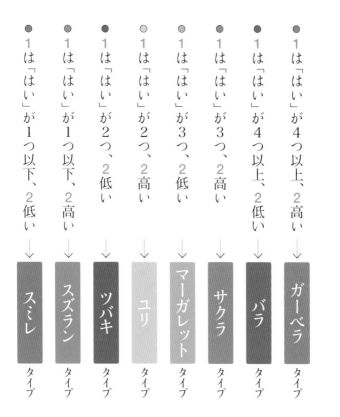

似合う服の形がわかる スタイル診断にトライ

次にスタイル診断をしてみましょう。スタイル診断と言っても身長、体重、ウエスト、脚の長さや各パーツのサイズは測りません。測るのは「肩幅」と「腰位置」のたった2か所で、使うのはメジャー1個。なぜなら、重要なのは全身のバランスだからです。これなら簡単にできますよね。

肩幅

肩幅が40ｃｍあるかどうかをチェックしましょう。まずメジャーのテープ部分を引き出したら両端をそれぞれ手に持ちます。首の起点に0ｃｍの部分を合わせて、右肩の起点までの長さを測ります。左右の手を入れ替えて左の肩幅も測ります。平均体型の方で肩幅40ｃｍをチェックの目安とします。また、肩のラインをチェックして、なで肩・いかり肩に該当するかも見てみましょう。

●肩幅が40ｃｍより大きい方。
もしくは肩幅が40ｃｍ以下でも
肩のラインがまっすぐな方といかり肩の方
→ 肩ハリタイプ

●肩幅が40ｃｍ以下の方。
もしくは肩幅が40ｃｍより大きいなで肩の方
→ 肩狭タイプ

腰位置

腰の高さをチェックしましょう。まず、バストトップからおへそまでの長さをメジャーで測定してください。次におへそから脚の付け根までの長さを同様にメジャーで測ります。前者と後者どちらが短いですか。なお、下着の有無でバストトップの位置は変わってきます。普段よくつけている下着を着用した状態で測定しましょう。

●おへそから脚の付け根のほうが短い
（バストトップからおへそのほうが長い）
→ 腰高タイプ

●バストトップからおへそのほうが短い
（おへそから脚の付け根のほうが長い）
→ 腰低タイプ

3分後には一生服に迷わなくなる！
スタイリストの「似合う服診断」

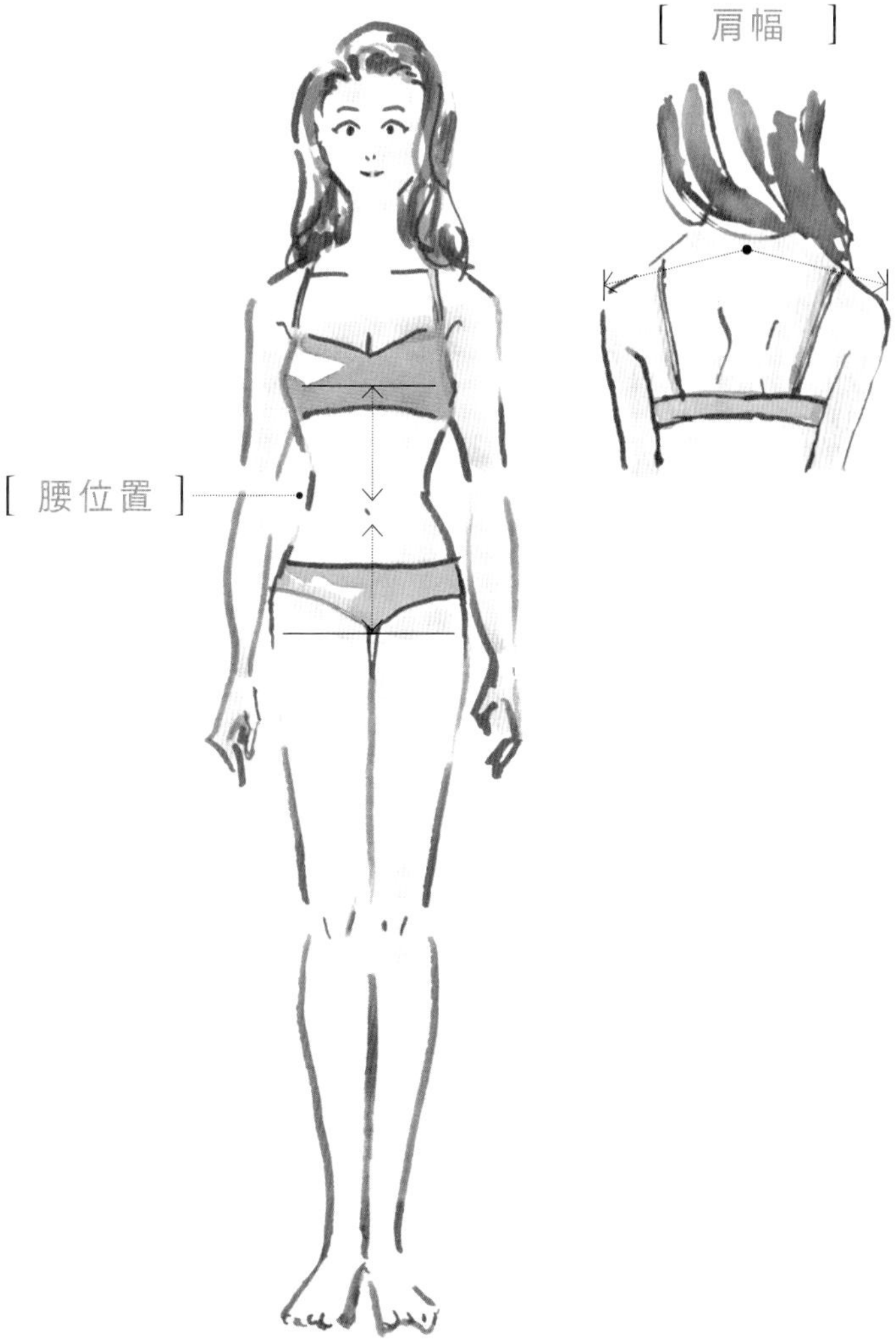

[肩幅]

[腰位置]

似合う色と素材がわかればもう上級者
色・柄・素材診断にトライ

パーソナルカラー診断は、一度は聞いたことや試したことがある方もいるかもしれません。私のお客様は、事前に自己診断をしてくる方が多いのですが、思い込みが邪魔をして誤診するケースが多発しています。そこで本書のカラー診断では、比較的ご自分でも診断しやすい項目を、カラリストさんと共同でピックアップしました。前髪を上げた状態で、次の表の項目をチェックしてみてください。

正しくできるか不安な方は、家族や友人と比較してみると自分の特徴がわかりやすくなります。一人で行う際は、「Aではないから Bかな」という具合に、消去法で行うのがおすすめです。

	A	B	C	D
日焼けしやすいか	しやすい	しにくい（赤くなる）	しやすい	しやすい
子どものころからそばかすがあるか	ある	ない	ある	ない
赤面しやすいか	しやすい	しやすい	しにくい	しにくい
髪の量が多いか	少ない	少ない	多い	多い
瞳孔が虹《こう》彩（黒目）と一緒くたに見えるか	見えない	見えない	見える	見える
虹彩（黒目）の色がどれに近いか	茶	グレー・茶	こげ茶	黒
白目と黒目の境目はくっきりしているか	くっきり	ぼんやり	ぼんやり	くっきり

該当する箇所すべてにチェックを入れましょう

霜鳥流カラー診断 診断結果

A～Dそれぞれ、チェックが何個ついたか数えてみてください。

Bの列に
いちばん
当てはまった人
↓
サマー
タイプ

Aの列に
いちばん
当てはまった人
↓
スプリング
タイプ

ウィンター
タイプ
↑
Dの列に
いちばん
当てはまった人

オータム
タイプ
↑
Cの列に
いちばん
当てはまった人

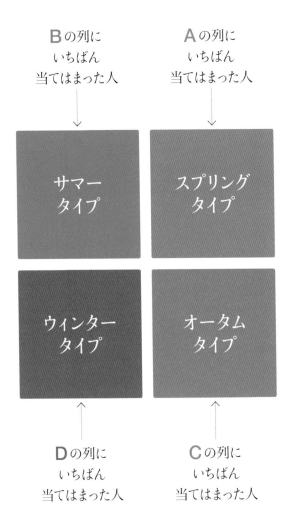

この結果で、似合う色はもちろんのこと、似合う素材や柄、アクセサリーがわかります。詳しくは58ページ以降で解説しますが、たとえばスプリングタイプとウィンタータイプはサテンなどのツヤのある素材が、サマータイプとオータムタイプはツイードなどのマットな素材が似合います。タイプによって、デザインを重視したほうがいいか素材や質感を重視したほうがいいかも異なるので、チェックしてみてください。

Makiko's voice

本当に似会う服に出合う準備は
これですべて整いました。
次の章を読み終わったとき、あなたには似合う服を
自分で選ぶ力が身についています。

Lesson. 2

本当に似合う服だけ
選べるようになる
霜鳥スタイリング

1 イメージ診断で似合う服だけ選べるようになる

22ページでトライしていただいたイメージ診断。私がパーソナルスタイリングをする際も、お話をうかがいながらそれぞれの項目をチェックして、同様のことを行っています。

顔のパーツの大きさや形・声の高さが、「優しそう」「明るい」「仕事ができそう」といったあなたのイメージを作り、これらのイメージが似合う服を決定づけるからです。

誤解されやすいのですが、似合う服とイメージ通りの服は違います。たとえば「仕事ができそう」な雰囲気の人が、それに合わせて全身クールな服にすると「怖そう」と思われることも。これではせっかくの良さを活かせておらず、似合っているとは言えません。つまり自分の印象を良い方向に引き出しつつ助長しすぎない服こそが、真の似合う服なのです。もちろん雰囲気が違えば、さじ加減の具合や方法も変わりますし、多くの方はそれがわからないから困っていますよね。

　そこでイメージ診断では、私が実際にやっている、タイプ別のさじ加減ノウハウをお伝えします。どんなトップスが良いか、アクセサリーの選び方、服を選ぶときに見るべきポイント……など着こなしの鉄則を、ポイントを絞って紹介しました。

　イメージ診断の結果が、自分の好みや理想からかけ離れている方もいると思います。そんな方も、イメージ診断で自分のイメージを把握するのが肝。着たい服をそのまま着ても、自分の元々の雰囲気と喧嘩《けんか》することがあるからです。イメージ診断をすると印象のコントロール法がわかり、好みの服を自分に似合うように着こなせるようになります。

TYPE/ **01 GERBERA**

ガーベラタイプの鉄則

大きくて丸みのあるパーツで、声のトーンが高いガーベラタイプ。**ガーベラタイプの方はキュートな雰囲気があり、比較的若く幼く見えやすいという特徴があります。半面、若作りしているように見える危険性があるので、全体を甘くしすぎないのが鉄則です。**きれいな色のトップスやワンピースがとても似合いますが、全体を甘くするのは避けましょう。若く見せたくて頑張っている人と思われる危険があるからです。大事なのはバランス。フリルなど可愛らしい素材の服を着るなら、ミントグリーンや水色などのスッキリした色にしましょう。**形・素材・色のうち甘さを取り入れるのは1つのみ。**残り２つで辛さを取り入れれば、ガーベラタイプの雰囲気を引き立てつつ、悪目立ちを避けられます。

　カジュアルな服を着るときも同様で、バランスが大切。カジュアル服も雰囲気にぴったりでよく似合いますが、全身カジュアルにしてしまうと幼く見えて危険です。**靴はスニーカーではなくパンプス、アクセサリーは大きなチャーム付きではなく、細いチェーンで華奢**

なものなど、小物は大人っぽいもので固めれば服と顔のバランスがとれます。

またパーツに丸みがあるので、じつは大人のかっこよさを出せる服も、バランスよく素敵に着こなせます。たとえばロング丈のスカート、白シャツや黒スキニーなどの定番アイテム、センタープレスの入ったパンツなどの直線が入った服がおすすめです。

HAIR

ロングヘアより少しシャープめのボブやショートヘアがよく似合います。

ACCESSORY

色やパーツは可愛らしいものを選んで。顔やパーツに丸みがあるので、縦ラインのアクセサリーがおすすめ。

COLOR

大人パステルカラーは雰囲気を引き立てつつ、きちんと感があるので仕事服に取り入れても活躍します。

TYPE/ **02 ROSE**

バラタイプの鉄則

大きくて丸みのあるパーツで、声のトーンが落ち着いているバラタイプ。**バラタイプの方はかっこいい雰囲気があり、「仕事ができそう」という第一印象を持たれることもしばしば。目力があり声が落ち着いているので意志が強く見える反面、真顔だと少し怖い印象を与えてしまうこともあります。**

かっこいい服だと怖い印象が助長され、可愛い服だと雰囲気とちぐはぐになる。そんなバラタイプにおすすめなのは、カラフルな服や、形が特徴的な服です。こうした服を着ることで、元々のかっこいい雰囲気を、「怖い」ではなく「洗練されている」方向に活かすことができます。たとえば**ニットを買うならシンプルなものではなくフリンジが付いたもの**にしたり、オードソックスなシャツではなく袖が太くダボッとしたシャツを着たり、黒やグレーや白の無地ロングスカートを大花柄のものに変えるなど、個性があるものを着てみてください。いつも選ぶより少し派手なアイテムを選ぶと、顔や声の雰囲気に合う、とても洗練度の高いコーディネートができます。

また、ざっくり編みのローゲージニットは怖い印象をやわらげる効果があるので、是非着てほしい服の1つです。ローゲージニット独特の、ハンドメイドのような愛着感が、愛嬌をプラスしてくれます。可愛いファッションやカジュアルファッションのときに取り入れてみてください。

HAIR

ロングヘアならストレート、ショートヘアならふわっとしたスタイリングが似合います。

ACCESSORY

カラフルな服を着るのに抵抗感のある方は、アクセサリーをカラフルにすると取り入れやすいのでおすすめです。

COLOR

コーディネートは３色以内、とよく言いますが、バラタイプは４色でも大丈夫。いつもより１色足してみましょう。

TYPE/ 03 CHERRY BLOSSOMS

サクラタイプの鉄則

丸みがありつつ女性らしく華奢《きゃしゃ》な顔パーツで、声のトーンが高いのがサクラタイプ。**このタイプの方は、愛されアナウンサーのようなイメージで、万人受けする雰囲気があります。ただ、主張をしないと物静かに見えるのと、無難なスタイルだと印象が薄くなってしまうので、個性的な要素を入れるようにしましょう。**個性といっても、クセが強い服を着る必要はありません。袖がレースになっているニットや、背中の部分がプリーツになっているシャツや、ウエストの部分が細く絞ってあるブラウスなど、服の形や素材、デザインに少し特徴があるくらいで大丈夫。

色や柄、選び方でも個性は出せます。たとえばトップスを買うならトレンドのものを選ぶ。色で迷ったら、白や黒、グレー、紺といったベーシックカラー以外の色で華やかさを足す。柄入りの服、しかも大きな柄が入ったものを着るなど、いつもの着こなしより少し華やかにするように意識するだけです。

ただ全身を個性のある服で固めると、今度は清楚な顔の雰囲気と乖《かい》離しすぎてしまいます。だから「個性のある服はトップスだけにする」のが鉄則。パンツやアウターは、ベーシックで何歳になっても使えるデザイン、どんな服にも合わせやすい形のものを選びましょう。

HAIR

主張のある華やかなきれいさを表現するために、ふわっとしたセミロングなどが似合います。

ACCESSORY

服がシンプルなときはビジューアクセサリーがおすすめ。つけるだけで個性が出せて、明るい印象になります。

COLOR

ベーシックカラー以外をおすすめしましたが、赤・青など鮮やかで強い色は苦手な傾向があります。

TYPE/ 04 MARGARET

マーガレットタイプの鉄則

華奢な顔に丸みのあるパーツ、落ち着いた声を持つマーガレットタイプ。このタイプの方は、落ち着いた雰囲気で余裕のある人、という印象をまわりに与えます。さりげなくおしゃれな服を、さらっとかっこよく着こなせるのは、そんなマーガレットタイプならではの特長です。

着こなしで気をつけてほしいのは頑張りすぎないこと。元々の落ち着きと余裕のある雰囲気を活かした「頑張っていないのに、どことなくおしゃれ」な着こなしがとにかく決まるのに、頑張りすぎてしまうとせっかくの強みが打ち消されるからです。

たとえばよく似合うのは、リネンやニットなど飾らない雰囲気を出せるカジュアルな素材。他のタイプの方がそのまま着ると、ラクな服をとりあえず着たように見えがちな素材ですが、マーガレットタイプならとっておきのおしゃれ着のように着こなせます。

ほかに、色は抑えめな白・黒・グレーで、大きなポケットがあったりボタンが付いていたりとデザインが凝っているトップスもおすすめですし、明るい色の服もタイトシルエットなどデザインがクールな印象だと顔の雰囲気にぴったりです。

もし余裕があったらメイクに力を入れてみてください。おすすめした服は、よく見ると凝っているけれど一見シンプル。だからメイクで華やかさを足したいのです。全部に力を入れる必要はなく、チークやアイメイクで少し華やかさを出せれば充分です。

HAIR

一部がふわっとした動きのある髪型が似合います。耳辺りでボリュームが出るようにカットされた髪型や耳に髪を掛けたセミロング、くせ毛を活かしたようなウェーブヘアもおすすめです。

ACCESSORY

アクセサリーを使いこなすと「どことなくおしゃれ」な雰囲気がにじみ出ます。ネックレスやピアスなど、顔まわりに大ぶりなアクセサリーを使うと、良いアクセントに。

COLOR

トップスとボトムスを同じトーンで揃えると、一気に洗練されておしゃれに見えます。

TYPE/ **05** LILY

ユリタイプの鉄則

顔のパーツがきりっと大きく、高い声のユリタイプ。「凛《りん》としたお姉さん」という言葉がぴったりの、品がよくて美しい雰囲気がユリタイプにはあります。

イメージ通り品のある服が似合いますが、それ以外の服を着ても品のある雰囲気が勝り、服の個性は出にくいのが注意点です。たとえばカジュアルな服やクールな服を着てもカジュアルな雰囲気・クールな雰囲気が出ないことがあります。

だから、どんなジャンルの服を着るときも品格のある服を1つは取り入れることと、野暮ったい着こなしをしないことが着こなしの鉄則です。たとえばクールな服を着るときもブラウスなどの柔らかい素材を入れたり、大きくダボッとした服を着るときはトップスかボトムスのどちらか一方のみにしたりして調整してください。

ただワンピースやロングコートは、アイテム自体に品があるので、色や柄を思い切って大胆にしても大丈夫です。是非普段挑戦しない色・柄も楽しんでみてはいかがでしょうか。

ちなみに、清潔感のある着こなしも絶対条件です。元々品のある方なので、シワシワの服を着ると、ネガティブなギャップになってしまいます。どんなジャンルの服を着るにしても、アイロンがけやほつれの処理など最低限のお手入れだけはしておきましょう。

HAIR

ツヤのあるストレートヘアが品のよさを引き立ててくれます。

ACCESSORY

華やかでごちゃついていないアクセサリーが似合います。その代表と言えるのがパールアクセサリーです。

COLOR

色数は抑えて、コントラストの強いコーディネートにすると素敵です。鮮やかな色の組み合わせを楽しみましょう。

TYPE/ **06 CAMELLIA**

ツバキタイプの鉄則

パーツがきりっとしていて、はっきりした顔立ちに落ち着いた声のツバキタイプ。**ツバキタイプはシンプルでクールな服をかっこよく着こなせるのが特長です。ただ、キツい印象を持たれたり、男性っぽく見えすぎたりすることがあります。優しげに見える素材を取り入れて、キツい印象をやわらげましょう。**

具体的には、サテン生地やベロア生地などツヤのある素材、動くと生地がなびくような柔らかいブラウス、レース生地の服がうってつけです。膝下丈のプリーツスカートや襟付きのトップスなどクラシックな服ならば可愛くなりすぎることなく、ツバキタイプのエレガントさを引き立てます。もちろんクールな服との相性も抜群です。

ちなみに女性らしいファッションをしたいときは、千鳥格子やグレンチェック、ハイネックトップスなどのクラシックアイテムが活躍。品の良さと可愛らしさを引き出してくれます。つまりツバキタイプには、幅広く活躍するクラシックアイテムが欠かせません。

反対に避けたほうが良いのは、膝丈のフレアスカートやワンピースなどのふわっと広がるシルエットです。これらは可愛らしい印象が強く、スミレタイプの顔立ちとなじみにくいところがあります。おすすめはタイトスカートやペンシル型スカート。生地がストンとまっすぐ落ちるシルエットで、クールな顔立ちを活かしましょう。

HAIR

強すぎるカールでなければ軽く巻いてもパーマをかけても、ストレートにしても似合います。長さは長すぎず短すぎない、ボブ〜セミロングがおすすめです。

ACCESSORY

アクセサリーはインパクトと遊び心のあるものならばOK。もちろん高価なジュエリーでなくて大丈夫です。

COLOR

キツく見えないように黒の多用は避けましょう。淡くてグレーがかった色を使うと落ち着いたかっこよさが引き立ちます。

TYPE/ **07** LILY OF THE VALLEY

スズランタイプの鉄則

華奢で繊細な雰囲気の顔立ちに、高い声のスズランタイプ。優しそうな印象を持たれることが多いタイプです。

ブラウスやフレアスカートなど定番服が似合いますが、全身シンプルな服を着ると、年齢が少し高く見えたり、寂しそうに見えたりします。きりっとかっこいい要素を入れてあげると凛とした印象になり、元の優しい雰囲気も活きます。かっこいい要素を取り入れるとはいえ、レザーやファーなどの主張が強すぎる素材は顔の印象とかけ離れているのでスズランタイプの苦手分野。ふわふわしたニットや軽やかなシフォンなど、素材は優しげなものを選びましょう。その代わりにデザインやボリュームでかっこよさを主張してください。たとえば全身ふわっとしたシルエットにするのではなく、トップスかボトムスのどちらか一方は体に合ったサイズにするとコーディネートが締まります。若々しくて芯のある、凛とした着こなしが決まるでしょう。

華やかな色を取り入れるのも、若々しく見せたり表情を明るく見せたりするのに重要です。これまで白・紺・グレー・黒ばかり着ていたという方には抵抗があるかもしれませんが、取り入れたいのはあくまで明るくてきれいな色。原色ではなく、ピンクやラベンダーカラー、オレンジなど穏やかな色なので少しずつ挑戦してみてください。特に定番服ほど明るい色を積極的に取り入れましょう。

HAIR

耳辺りでボリュームが出るようにカットされたセミロングや、ふわふわのロングヘアが華やかさを足してくれます。傷んでバサバサの髪だと疲れて見えやすいタイプなのでスタイリングよりもヘアケアを頑張りましょう。

ACCESSORY

素材の良さを引き出せるのがスズランタイプ。ハイジュエリーを1つ持っておくと、普段の服がより素敵に見えます。

COLOR

色でかっこよさを出すのもおすすめです。赤、青、黄色など鮮やかではっきりした色が良いアクセントになります。

TYPE/ **08** **VIOLET**

スミレタイプの鉄則

華奢で繊細な雰囲気の顔立ちに、落ち着いた声のスミレタイプ。**ミステリアスな雰囲気で、人から憧れられるような手の届かないかっこよさがあるタイプなので、難易度の高い服をおしゃれに着こなすことができます。**前後で丈が違うフィッシュテールのスカートや、袖が異素材になっているトップスなど形やデザインに特徴のあるものがよく似合い、着ても奇抜になりすぎません。

しかしミステリアスな分、**表情や意図が出にくいので、シンプルな服や無難な色ばかり着るとっつきにくい印象になりかねません。**花柄のカットソーや編み目が荒くざっくりとしたローゲージニットなど、見た瞬間に「可愛らしい」と思える服を1つ取り入れると親しみやすさも演出できます。

このように特徴のある服が似合うスミレタイプですが、素材やシルエットを個性的にするぶん、落ち着いた色を選ぶのもバランスをとるためのコツです。それだけで、個性的な服もすんなりと合わせやすくなります。

それでも個性的な服に抵抗がある方は、トップスをシンプルにして、ボトムスだけ個性的なものするのがおすすめです。コーディネートを組むのもラクですし、主張の強い服も着やすくなります。もちろん、個性的なトップスとシンプルなボトムスの組み合わせでも問題ありませんが、トップスがシンプルなほうがインパクトは抑えられます。

HAIR

ひと手間かけて、服と同様に少しだけこだわりましょう。奇抜にする必要はなく、ボブなら片側だけ耳に掛けてアシンメトリーにしたり、ロングならまとめたりしたほうが、服にも顔にも似合います。

ACCESSORY

個性的なものが似合うので派手でもOK。可愛いものが好きならクリアなビジューアクセサリーがおすすめです。

COLOR

シルエットや柄が個性的な服が多くなりやすいので、色は派手にならないようにするとバランスがとれます。

2 スタイル診断は、スタイルをよく見せるためにある

これまで解説してきたイメージ診断では、「似合う服だけ」を身につけるために、服の選び方や着こなしの鉄則をご紹介してきました。

次からのスタイル診断解説では、スタイルよく見える服の形やコーディネート法をご紹介します。

26ページでは、肩幅と腰位置をチェックしました。なぜなら肩の位置と腰の位置が全身のスタイルバランスを決めるからです。でも体格は千差万別。理想的な位置にそれぞれのパーツがある方はほとんどいません。だから服の形やコーディネートの力を使って「スタイルよく見える」位置に肩と腰があ

るように見せてしまえばいいのです。

私がパーソナルスタイリングをしているとき、多くのお客様は「二の腕が気になる」「お腹をすっきり見せたい」「お尻を隠したい」と気になる部分を自己申告してくださいます。このときも「二の腕は思い切って出したほうがすっきり見えるからノースリーブを……」「長めのトップスでヒップを隠して……」という選び方はほとんどしていません。お客様を真正面から見たときに、肩・バスト・ウエスト・ヒップ・ひざの位置を調整するスタイリングをしています。ただ、この5点を細かく見ながら調整するのは、経験と技術を長年蓄積してきたスタイリストだからできること。今回はみなさんに手軽に取り組んでいただくために、簡単にチェックできて見た目変化の大きい2点に絞りました。肩と腰の位置が変わるだけで、気になる部分が目にとまりにくくなりスタイルも激変。多くの方が「やせて見える！」「背が高くなったみたい」と驚きます。

スタイルがよく見えると自信をもって服を着られるようになります。イメージ診断から少しレベルアップしたい方は是非お試しください。

コンプレックスを隠す
ボトムスの選び方

●腰高タイプ

腰高タイプの人は、その名の通り腰の位置が高くて脚が長く見えます。脚の形・長さを活かせる、ジャストウエストのボトムスが抜群に似合います。ジャストウエストのボトムスとは、ベルト通しの位置がちょうどおへその下あたりにくる服です。脚の長さを強調しようとしてハイウエストのボトムスを着ると、上半身が詰まって見え、全身のバランスが崩れるので逆効果ですから気をつけてください。O脚やX脚が気になる方にはタックパンツがおすすめ。パンツの前身上部にタック（ヒダ）があり膝上まではゆったりしていますが、膝下はスリムなので脚の形をきれいにカバーしてくれます。

ボトムスのシルエットはダボッと太いものよりスリムなほうがスタイルよ

く見えます。ワイドパンツを穿くなら、トップスはできるだけタイトなものにすると細見えします。

腰低タイプ

腰低タイプの方は、腰の位置が上がって見えるボトムスを選びましょう。具体的にはタックパンツがおすすめ。前身上部にあるタック（ヒダ）が腰の位置をごまかしてくれるので、腰位置が上がって見えます。すると脚だけがぐんと伸びたように見えるため、小柄な方はもちろん背が大きい方もバランスのいいスタイル美人になります。

また、ワイドパンツも似合います。ワイドパンツは面積が大きい分迫力が出やすいのですが腰低タイプさんなら着ても威圧感がありません。ワイドパンツのウエスト位置はジャストサイズでもハイウエストでもＯＫ。お好みのものを選んでください。経験上、腰低タイプは上半身が華奢なことが多いので、コンパクトなトップスを着るとワイドパンツとも相性抜群です。

コンプレックスを隠す
トップスの選び方

●肩ハリタイプ

肩ハリタイプの方は、肩幅を少し狭く見せる服を着たりコーディネートをしたりしましょう。それだけで上半身、さらに全身がすっきり細く見えます。できるだけ避けたいアイテムは首の空きが狭い服やタートルネック。首から肩の布面積が大きくなるぶん肩がより強調されます。首が詰まった服を着るなら、縦にフリルやパイピングが入った服を選んだり、ロングネックレスやストールを首から掛けて縦方向にアクセントをつけたりすると良いでしょう。

ひと手間加えるのがめんどうなら、着るだけで肩ラインをごまかせる服を。ダボッとして、身ごろと肩の切り替え線が二の腕付近まで落ちているトップスなら体の肩ラインがわかりにくいですし、柄物トップスを着ればラインがカモフラージュされます。ちなみに大きいトップスを着る場合は、ボトムスはスリムなシルエットにしてバランスをとってください。

●肩狭タイプ

肩幅が狭い方は肩幅があるように見える服を着ると、相対効果で顔が小さく見えます。パフスリーブや襟の大きいシャツを着て肩付近にアクセントをもってきましょう。ただ胸の大きい方がパフスリーブを着ると上半身が大きく見えることもあるので、代わりにVネックのトップスがおすすめです。

反対に上半身が細くて、やつれて見えるのが気になる方はトップスの素材を固めのものにしましょう。ポリエステルやリネンなどは固い素材の一例です。柔らかい素材だと体に沿ってラインが出てしまいますが固い素材なら体にフィットしないので、見た目のラインを調整できます。

自分の体型の悩みに合わせて、肩まわりにアクセントのあるトップスを選んでください。

3 さらにおしゃれになりたい人に個性の出し方がわかる色・柄・素材診断

最後に「カラー診断」の4つのタイプ別に、似合う素材や柄、色について紹介していきます。

イメージ診断とスタイル診断を終えたみなさんは既に、どんな服を着たらいいのかわかっている状態です。それでも、膨大な種類の服がたくさんのメーカーから売られているので、どの服を買ったらいいのか迷うこともあると思います。たとえば膝下丈のプリーツスカートを買うとしましょう。1つのショップだけで何色ものプリーツスカートが売られています。別のショップに行けば、無地のものやドット柄、花柄など柄もさまざまです。しかもまた別のショップでは、サテン生地やレザー生地など生地まで違います。このように選択肢が膨大にあるなかで、迷わずに1着選ぶのは至難の業です。イメージ診断やスタイル診断で似合う服に絞り込んでも、まだ何着か候補が残ると思います。そんなときに役立つのがカラー診断。似合う素材や柄、色を教えてくれるので、似合う服がさらに明確になって服選びがぐっとラクになります。

そして最大のメリットが、さらにおしゃれになれること。本当におしゃれな人は、素材や柄といった細かい要素で着こなしに味つけをします。その味つけに個性が表れるのです。「個性」を出すというと難しそうですが、トレンド服を着つつ上品さを出す、品のある服を着つつ親しみやすいカジュアルさも出す……といった個性の表現は、素材や柄や色について知るだけで案外簡単にできます。

自分の理想通りのコーディネートができて、しかも似合う着こなしができると服を着るのがもっと楽しくなりますよ。

スプリングタイプのおしゃれを格上げしてくれるもの

texture 素材

特有の肌ツヤに合わせて、つるんとしたツヤ感や光沢のある素材が似合います。高価な素材にツヤ感が多いイメージがあるかもしれませんが、じつはポリエステルやサテン、レザー風など低価格帯のものもたくさんあります。嬉しいことに値段と品質が見た目ではわかりにくい素材なので、リーズナブルなものを身につけても見た目が安っぽくなることもありません。初めて着る色や柄のときは、ファストファッションブランドの服から挑戦してみてもいいでしょう。

pattern 柄

大人なのにキュートな雰囲気が似合うのはスプリングタイプの特権です。水玉・ギンガムチェック・明るい色のストライプ・カラフルな花柄といったポップやキュートな柄が似合います。また一般的には、上下とも柄を取り入れるとガチャガチャしてうるさくなりますが、スプリングタイプは大丈夫。特有の明るい肌ツヤがあるので柄の華やかさに雰囲気負けすることがありません。

color 色

ミルクティーベージュ・朱赤・ビタミンオレンジ・新緑のようなグリーン・青みの強いネイビー・すみれ色など、明るさのある色が似合います。そもそも「カラフルが似合う」という基本素質なので、メイクには華やかな色を入れヘアカラーは明るいブラウンにとことん明るくまとめると良いでしょう。可愛くなりすぎるのが心配な方は黒やグレーと合わせたり、服の形を大人っぽくすると甘さも幼さも避けることができます。

accessory アクセサリー

イエローゴールドのアクセサリーの色味が合うので、どんな服にも合わせやすいデザインのものを持っておくと大活躍します。カラフルなアクセサリーも似合うので、服で明るい色を取り入れるのが苦手ならアクセサリーだけカラフルにしてもおしゃれです。反対に服を華やかにするなら、アクセサリーは華奢でスッキリしたものにするとコーディネートが決まります。アクセサリー自体は大ぶりのものでも華奢なものでも似合い、ツヤ感のあるモチーフだとよりスプリングタイプにぴったりです。

オータムタイプのおしゃれを格上げしてくれるもの

texture
素材

ツヤツヤした素材よりも、ツイードやスウェードなどマットな素材のほうが得意なタイプです。あせたような雰囲気のものも、古めかしくなくおしゃれに着こなせるのがオータムタイプの特長なので、古着もおすすめしています。ツヤ感ある素材を着るなら何か加工が施されたものがいいでしょう。たとえばレザーなら濃淡加工ありのものだと、オータムタイプにも身につけやすくなります。もちろん古着でもおすすめです。

pattern
柄

オータムタイプによく似合うのは、レオパード(ヒョウ柄)・ゼブラ（シマウマ柄）・パイソン（ヘビ柄）・クロコダイル（ワニ柄）といったアニマル柄。ただ、似合う柄の種類は少なめなので、アニマル柄が服のイメージと合わなければ、似合う色やシルエットで、着こなしを楽しむことをおすすめしています。

color
色

カーキ・ベージュ・ブラウンといったアースカラーと呼ばれる色や、トマトレッド・レンガカラー・マスタードカラー・モスグリーン・ディープバイオレットなど黄みのある色が得意です。難易度の高いカラーコーディネートが似合うのもオータムタイプの特長です。ボトムスを白にする着こなしや、全身をワントーンでまとめる着こなしが決まります。メイクはブラウンやベージュ系で陰影を付け、ヘアカラーを深いブラウンにするとオータムタイプの良さが引き立ちます。

accessory
アクセサリー

モチーフや大きさや色よりも、質感重視で選ぶとおしゃれな雰囲気が出せます。レザーやスウェードや木など、似合う素材を使ったアクセサリーなら失敗しません。大ぶりのモチーフでも大丈夫です。ハンドメイドのアクセサリーは素材を活かしたものが比較的豊富なので、ハンドメイド作品を扱うショップやネットショップをのぞいてみると良いでしょう。ハンドメイドアクセサリーだと素朴な雰囲気にならないか心配する方もいますが、オータムタイプならば洗練された雰囲気でつけられるので大丈夫です。

for SUMMER /TYPE

サマータイプのおしゃれを格上げしてくれるもの

texture 素材

柄と同様に上質なものや上質に見えるものを着てほしいのがサマータイプ。カシミヤジャケットなど高級素材が誰よりも似合います。お金がかかるのはネックですが、高級品が似合うのは他のタイプにはない最強のメリットです。もちろんお手頃なものでも、シフォン素材やスウェード素材など上質に見えるものを選べば大丈夫。体のラインに沿うハイゲージニットや、センタープレスのきいたパンツもきちんと感がありおすすめです。

pattern 柄

サマータイプには、誰に対しても好印象な小花柄や、ストライプなどトラディショナルな柄がおすすめ。エレガントなサマータイプにぴったりです。ただ、きちんと感のある柄なぶん、ほつれや汚れやよれがあるとマイナスイメージ大です。きちんと感のある柄を清潔感のある着こなしで楽しんでください。

color
色

水色や、アイボリー、オレンジに白をたっぷり混ぜたようなシャーベットオレンジ、緑みのある黄色のライムイエロー、薄いピンクのベビーピンク、ラベンダーカラーなどが特に似合います。

accessory
アクセサリー

サマータイプに絶対似合うのがパール。品質の良いパールを１つ上品につけても、コットンパールをじゃらっとつけるのも良いでしょう。値段にこだわらなくて大丈夫なので、様々なパールを楽しんでみてください。ただ黄色みが強いものよりも、白パール・ピンクパールが肌に合います。カジュアルなアクセントを付けたいときには、小ぶりのシルバーアクセサリーもおすすめです。

ウィンタータイプのおしゃれを格上げしてくれるもの

texture
素材

シルクやレザーなどつるんとした素材や光沢のあるアイテムが似合います。どちらもインパクトのある素材ですが、柄と同様に「大胆」がウィンタータイプのキーワードです。ハイゲージニットが似合いますが、目を引くデザインであればローゲージニットも似合います。

pattern
柄

クールかつシャープな印象があるウィンタータイプには、大胆でコントラストの強い柄を着るくらいがちょうどいい感じになります。普段柄ものを着ない方も、幾何学模様や大きい花柄、幅の太いストライプやボーダーなどに挑戦してみてください。大胆な柄ものを着ても悪目立ちしないのがウィンタータイプの特長です。

color
色

にごりのないクリアで鮮やかな色が似合うのがウィンタータイプの特長です。真っ白と真っ黒はじつはみんなに似合う色ではありません。そして、それらが唯一似合うのがウィンタータイプ。真っ赤・ロイヤルブルー・フューシャピンクなど、どんなに鮮やかな色でも自然に着こなせます。反対にくすんだ色やパステルカラー、アースカラーなどは野暮ったく見えることもあるので、原色と組み合わせてみてください。

accessory
アクセサリー

シルバーやプラチナのアクセサリーが似合うタイプ。華奢でモチーフが小さいアクセサリーももちろん似合いますが、おすすめしたいのは、人と被《かぶ》らなそうな個性的なデザインのもの。たとえばショップオリジナルのものや、デザイナーさんがつくった一点モノなどに個性的なデザインがたくさん売られています。落ち着いた色・柄・素材の服を着るときはアクセサリーで主張し、大胆な服を着るときは華奢なアクセサリーにすると良いでしょう。

カラー診断の結果が好みじゃなかったときは

カラー診断の診断結果をお伝えしたときに「え、私はスプリングタイプが良かった……」などと、悲しそうな反応をする方は絶えません。みなさんのなかにも、カラー診断の結果が、自分の好みの色や雰囲気と違い「あっちのタイプが良かったな」と思っている方もいることでしょう。

もちろん似合う色や素材、柄を身につけると想像以上に素敵な着こなしができるので、自分の該当するタイプを楽しんでいただきたいのですが、希望のタイプに自分を寄せる方法もあります。それは、メイク・ヘアスタイル・アクセサリーをまるごと理想のタイプに合わせること。私も本来はオータムタイプですが、ウィンタータイプの雰囲気が好きなので、メイクもアクセサリーも髪色も服もすべてウィンタータイプに寄せています。髪の色を抜き、メイクはウィンタータイプ向きのカラーを使い、アクセサリーはすべてシルバーにしているので、周囲からは「元々ウィンタータイプの人」と思われることもあります。

ここで大事なのは、すべての要素をまるごと希望のタイプに寄せること。メイクだけ、アクセサリーだけ、と中途半端に変えても洗練度が下がるだけですから、基本的にはおすすめしていません。全部を変えるのが可能な環境で、根こそぎ移行する決断ができる方は、挑戦してみてください。自分のイメージをカスタマイズするのも、理想の人生を歩く第一歩です。

Makiko's voice

自分の印象をコントロールしてくれる服が
本当に似合う服です。
それでも迷うときや新しい服に挑戦したいときは
「色・柄・素材」を意識すれば
似合うコーディネートをつくれます。

Lesson. 3

何を買ったらいいか わからない人のための 選び方ガイド

首から上の印象調整が服の役割

次のページからは、８つのタイプごとに服をピックアップしながら、買い物するときの選び方を紹介します。自分一人で似合う服を選べるか不安な方は是非参考にしてみてください。

掲載した服はすべて、2つのことを踏まえてピックアップしています。1つ目が、「首から上」の印象をカバーすること。2章の内容をもとに、変えたい印象はカバーしながら際立たせたい雰囲気を引き立てる服を選びました。お伝えしてきたように、「首から上」と「声」の印象を、洋服で調整・補完することが「似合う」ための条件だからです。

2つ目は、そのまま着るだけでコーディネートが決まること。私がお客様のスタイリングをするときは、服の着こなしまで詳しく指導しています。白シャツとスキニーデニムが似合うと言っても「そのまま着て似合う」わけではなく、袖をまくったり裾をロールアップさせたりしてようやく、「似合う」着こなしができるからです。しかしこの着こなし力をつけるには相当な経験値が必要です。そこで今回は、服のシルエットやディティールにも着目して、着るだけでスタイルよく見える服の選び方を紹介しました。こうした本ではベーシックな服が紹介されることがほとんどですが、今回、個性的な服が多いのはそのためです。もちろん、紹介した服以外にも似合う服はたくさんあります。あくまで選び方のポイントとして参考にしてみてください。

TYPE/ **01** **GERBERA**

ガーベラタイプのワードローブ

アクセサリー
▷ P85
ジャケット
▷ P83
コート
▷ P84
パンツ
▷ P81
ワンピース
▷ P82

T-SHIRT&CUTSEW

[Tシャツ・カットソー]

POINT

今回は黒のカットソーをピックアップしましたが、きれいな色でも似合います。何色も入った柄ものではなく、シンプルに無地1色のものを。

POINT

そのまま1枚着るだけでも裾のギャザーのおかげでおしゃれに見えます。このように何かワンポイントあるものがガーベラタイプにはおすすめです。

NG 顔を強調する詰まった首周り

首周りが詰まった服は顔を強調。元々顔が華やかなタイプなので、すっきり見せてくれるTシャツのほうがバランスをとれます。

コンパクトカットソーが華やかな顔立ちを引き立てる

明るく可愛らしい顔立ちのガーベラタイプ。柄入りのTシャツ・カットソーを着ると華やかになりすぎてしまいます。コンパクトなシルエットのものを選んで、すっきり見せましょう。その分、フリル付きなどデザインに少しこだわったものを選ぶといいでしょう。

BLOUSE&SHIRT

［ブラウス・シャツ］

POINT
首周りが詰まりすぎていないものを。フリル付きですが、顔から離れた位置についているのですっきりと着られます。

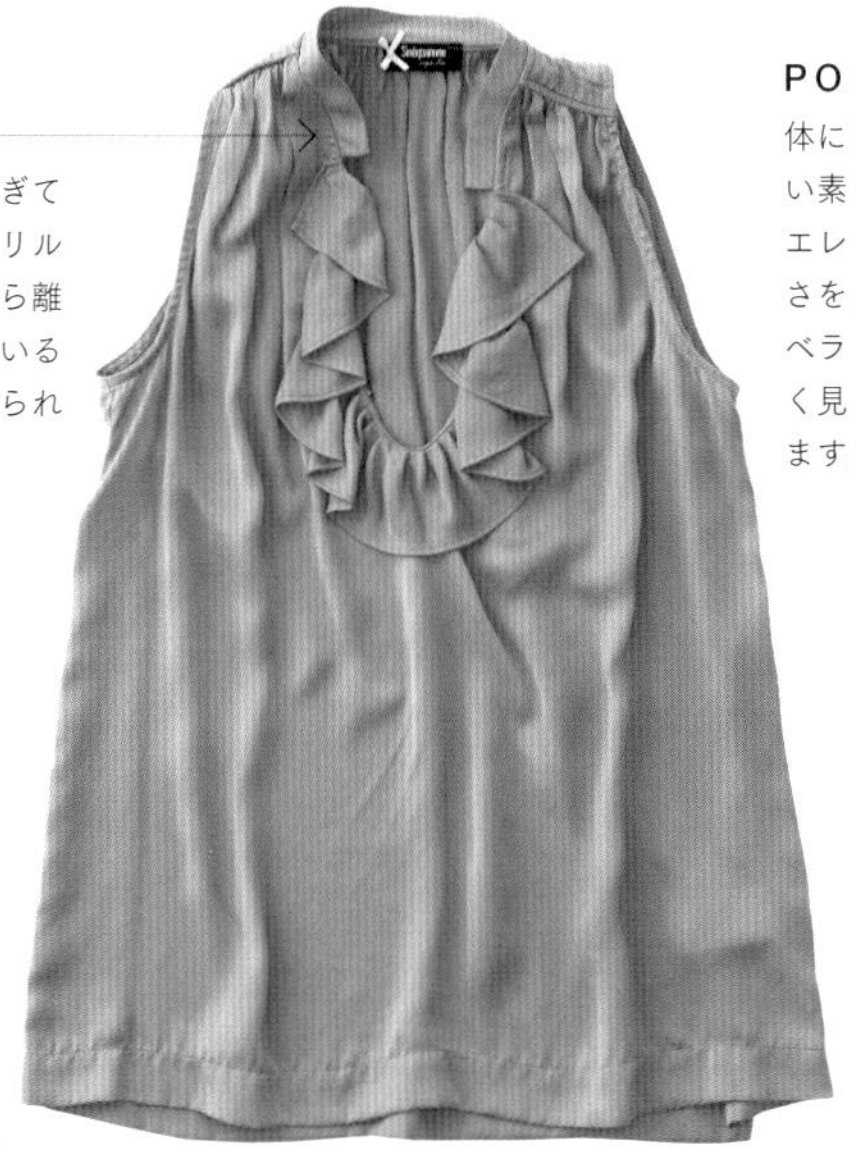

POINT
体に沿うような柔らかい素材がおすすめです。エレガントな大人っぽさを足してくれ、ガーベラタイプの大敵「幼く見える」を避けられます。

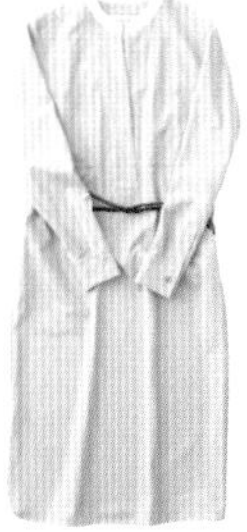

NG 体を大きく見せる固い素材感

固くてハリがある素材は、体が大きく見えるおそれがあります。着るならすっきり見えるよう、腕や首周りの肌が出るものを。

すっきりカラーのブラウスなら甘すぎずエレガント

カットソーと同様、コンパクトなブラウスですっきりさせましょう。色もすっきりしたものが似合います。色とシルエットはすっきりさせる分、フリルなどワンポイントあるものを選ぶと、寂しい印象になるのを防げます。ちなみに華やかな柄のブラウス・シャツを着たいときはカジュアルな服と合わせると似合わせられます。

KNIT
[ニット]

POINT
首周りの詰まった服が苦手なガーベラタイプですが、首にフィットするものでなければタートルタイプも着こなせます。このようにタートルが高すぎないものがおすすめです。

POINT
カラフルなマルチボーダーのようなトップスは、1枚で明るい印象にしてくれます。アクセサリーやボトムスを頑張らなくてもよくなるので、あると便利です。

NG ローゲージは幼く見えやすい

ざっくりとした編み目の甘いローゲージニットは、幼く見えるのを助長します。すっきり見えるニットがおすすめです。

柄ものはぴったりシルエットと甘さ控えめボトムスが鍵

ニットの場合も、ガーベラタイプに似合うのはコンパクトシルエット。今回は体にぴったりフィットするものを選びました。76ページで柄ものは華やかになりすぎるとお伝えしましたが、次のページのカジュアルなスカートのように、可愛らしさが控えめなものと合わせればバランスがとれます。

SKIRT
[スカート]

POINT
ふくらはぎまでのミモレ丈も似合います。ミモレ丈はボリュームがあるのでトップスはコンパクトにするのがおすすめです。

POINT
ガーベラタイプに似合うトップスは体に沿うものが多いので、ボトムスは厚手でハリがあるものを。スタイルよく見える効果があり、コンパクトなトップスと合わせやすいのもメリットです。

NG 線が細く見える軽やか生地

丈は良いのですが、柔らかい生地なので、ガーベラタイプが着ると線が細く見えることがあります。

スカートの丈次第でイメージは一変する

おすすめしたいのはロング丈のスカート。裾に向かって広がる膝丈フレアタイプは定番ですが、ガーベラタイプにはじつは似合いにくいのです。ロング丈ならアクティブな印象が生まれて、若々しい人に見えます。膝丈スカートを穿くときは、タイトスカートにして、トップスはデザインにワンポイントあるものを合わせればほどよく華やかに。

DENIM
[デニム]

POINT
未加工のリジッドタイプ。ちなみにダメージ加工は似合うので、多少入っていても大丈夫です。大人っぽさが引き立ちます。

POINT
ストレートタイプで足首がロールアップされているタイプ。ロールアップも似合うタイプで、足が締まって見えます。

NG 曖昧色は
ウォッシュ加工と同義

曖昧色のグレーデニムではなく、未加工デニムのような濃いインディゴが似合います。

加工なしのきれいめデニムで
大人の女性の着こなしを

ガーベラタイプはきれいめデニムを穿くと洗練された大人の雰囲気が出て、今っぽく見えます。ここで言うきれいめデニムとは、色落ちしたようなウォッシュ加工タイプではなく、色落ちや加工のないデニムのこと。形はストレートタイプか、足首に向かって細くなるテーパードタイプで、おしゃれにデニムを穿きこなしてください。

PANTS
［パンツ］

POINT
色で迷ったら、ピンクよりも水色を。幼く見えないようにするのがガーベラタイプのポイントなので、きれいな色のなかでも甘さ控えめの色を選びましょう。

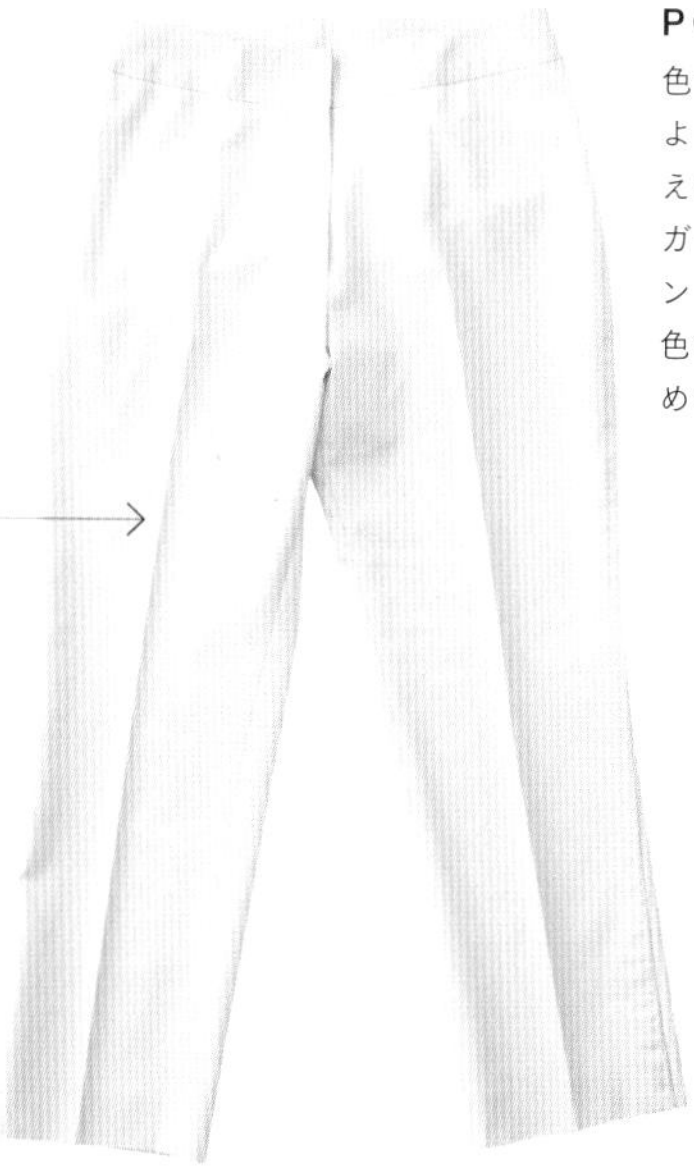

POINT
センタープレスがきいていると、大人のきちんと感が出せます。さりげないデザインですが、その効果は絶大です。

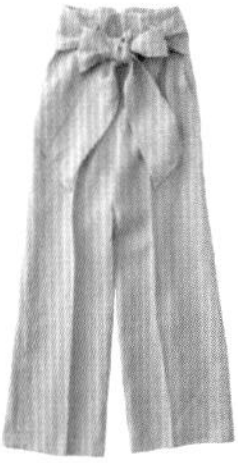

NG きれいめと真逆のラフな素材感

きれいにすっきりまとめるコーディネートが多いので、リネンの素材は他の服と合わせにくいでしょう。

色・丈・シルエットを駆使して とことんきれいに着こなす

デニム同様、バランスよくきれいに着こなしたいのがパンツ。横幅があるワイドパンツよりも、ストレートやテーパードタイプのパンツのほうがバランスがとれます。くるぶしが見える丈ですっきり感も出しましょう。パステルカラーなど淡い色を選ぶとさわやか感まで出せて完璧です。

ONE PIECE

［ ワンピース ］

POINT

はっきりした大花柄で、ブルー系やグリーン系などの甘すぎずさわやかな配色がベスト。褪せた色の花柄は老け見えするおそれがあり、ピンクなど甘い色は可愛らしくなりすぎる心配があります。

POINT

おへそあたりに切り替えがあり、ウエスト・腰・太ももまで体に沿うこのデザインは大人っぽさ抜群です。反対にウエスト切り替え位置が高いワンピースや、タイトシルエットでもミニ丈だと幼い印象が出てきます。

NG コントラストの強いワンピース

黒と白のコントラストが強い1着。ワンピースは布面積が大きいので、すっきり色が似合うガーベラタイプには主張が強めです。

ワンピースには
大人っぽさを詰め込んで

これまでもお伝えしてきたように、幼く見えない着こなしがガーベラタイプの鉄則。ワンピースでもギンガムチェックや水玉だと可愛らしい印象が強いので大きな花柄だと落ち着いた印象になります。そんなクラシックなワンピースでも、ちょうどおへそあたりにウエストの切り替えがあるシルエットで、膝丈〜膝下丈ならば古くさくなりません。

JACKET

［ジャケット］

POINT
パイピングにはシャープかつ活動的に見せてくれるすごい効果が。服にコントラストと直線的なラインが生まれ、きちんと感が高まります。

POINT
ウエストを細く見せるダーツには女っぽく見せる効果も。テーラードジャケットのような男性的デザインの場合も、ウエスト部分が細くなるなどウエストマークされているとガーベラタイプによく似合います。

NG 絞りのないシルエット

どんなジャケットも比較的似合いますが、強いて挙げるならこちら。ウエスト部分が細くなっていればすっきり着こなせます。

きちんと感はディティールで、可愛らしさはシルエットで

おすすめはすっきりして見えるショート丈。黒や紺の生地に白パイピングが入ると、きりっと締まります。コントラストは強いですが、シルエットがコンパクトなので大丈夫。また、ジャケット自体が大人っぽいので、ノーカラー（襟なし）にすると程よい可愛さで絶妙なバランスです。

COAT
［ コート ］

POINT

今回は丸首ですが、これにファーやリボンなど可愛い要素があるとやりすぎ感が。それよりもコートの場合はかっこいい雰囲気のものが似合うので、テーラードジャケットのような襟付きのチェスター型などが良いでしょう。

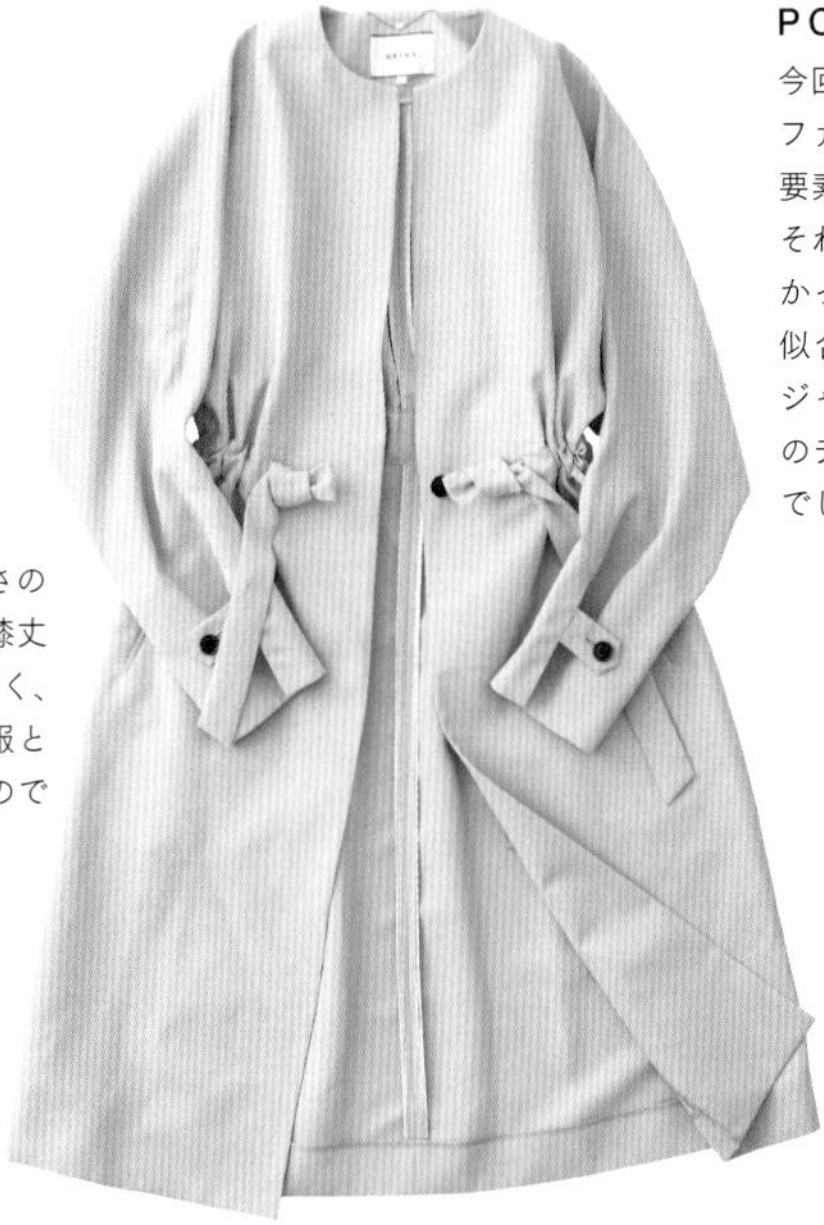

POINT

腰くらいまでの長さのハーフコートより膝丈のほうが大人っぽく、ガーベラタイプの服ともバランスが良いのでおすすめです。

NG 可愛い
モコモコ素材

モコモコ素材で可愛らしいコート。ガーベラタイプが着ると可愛くなりすぎて幼く見える危険が。

膝丈コートなら
可愛いとかっこいいが両立

膝丈あるいは膝下丈コートだと、それだけで大人っぽくなれます。布面積が大きく印象が強く残りやすいのですが、明るい色にするとガーベラタイプの華やかさが引き立ちます。甘い印象にしすぎないためには素材も重要です。ふわふわのファーなどを入れずすっきりと着こなしてみてください。

ACCESSORIES
[アクセサリー]

POINT
このピアスのように可愛いチャームであれば、色はシンプルなものを選びましょう。チャームがシンプルだったりシャープだったりするときはポップな色を入れてください。

POINT
縦長ラインをつくれるピアスは顔とのバランスがとれます。チャームが縦に並んでいるものや、小ぶりチャームの揺れるピアスがよく似合うのでおすすめです。

NG 目を引く大ぶりアクセ

大ぶりで存在感のあるアクセサリーは、ガーベラタイプがつけると怖く見えがちです。ネックレスをつけるなら特に控えめなものを。

ネックレスはあえてせず、ピアスをメイン使いして

ガーベラタイプは顔のパーツに丸みがあるので、さっぱりしたトップスをご紹介してきました。同様の理由でネックレスはあえてせず、首まわりをすっきりさせましょう。そのぶんピアスやイヤリングは可愛いチャームを楽しんでください。ネックレスをつける場合は、反対にピアスやイヤリングは外したり一粒石にしたりしてシンプルにしてください。

TYPE/ **02 ROSE**

バラタイプの
ワードローブ

アクセサリー
▷ P97
ジャケット
▷ P95
コート
▷ P96
ワンピース
▷ P94
パンツ
▷ P93

T-SHIRT&CUTSEW

[Tシャツ・カットソー]

POINT
着丈が長く、大人っぽいカットソーです。デザインやシルエットが可愛らしいTシャツ・カットソーを着るときは、反対に、色を落ち着いたテイストのものにするとバランスがとれます。

POINT
柄のトップスも大丈夫ですが、アニマル柄などインパクトが強いもの、ギンガムチェックなど可愛すぎるものは、バラタイプのイメージとちぐはぐに。無地の明るい色なら難しく考えなくても似合うのでおすすめです。

NG 顔との距離が遠いVネック

バラタイプには顔の印象を強調するトップスを着てほしいのですが、Vネックは顔から離れるぶん印象を抑えてしまいます。

優しいも可愛いも かっこいいもひとりじめ

可愛らしい顔立ちながら、声はかっこいい雰囲気で「できる人」感のあるバラタイプ。Tシャツ・カットソー選びのポイントは「色は可愛らしく、デザインは大人っぽく」することです。顔立ちと声、それぞれに合わせると、優しく、可愛く、かっこいいバラタイプのイメージにぴったりの着こなしになります。

BLOUSE&SHIRT

［ブラウス・シャツ］

POINT
首元が詰まっているぶん、顔の印象も服の印象も強調できます。可愛すぎるブラウスやシャツを着るときは、顔から離れるよう襟元の空きが広いものにして、インパクトを弱めるテクニックも。

POINT
ロング丈ブラウスは細ベルトをつけるとウエストがほっそり、脚が長く見えます。おへそ辺りにベルトをつけたら、ベルトの上で少し服をたるませるとこなれた印象に。

NG コントラストの強い柄

黒と白のはっきりコントラストはかっこいいのですが、バラタイプが着ると「怖い」人に見えるおそれがあります。

「できる人」感を高める知的ロングブラウス

落ち着きのある声で、仕事ができる人という雰囲気のあるバラタイプ。すっきりした洗練度の高いシャツやブラウスは知的な印象をさらに高めてくれます。ロング丈でかっこよさを、落ち着いた色みで大人っぽさを引き上げましょう。ベージュのような柔らかい色ならば可愛らしさも残せます。

KNIT
［ ニット ］

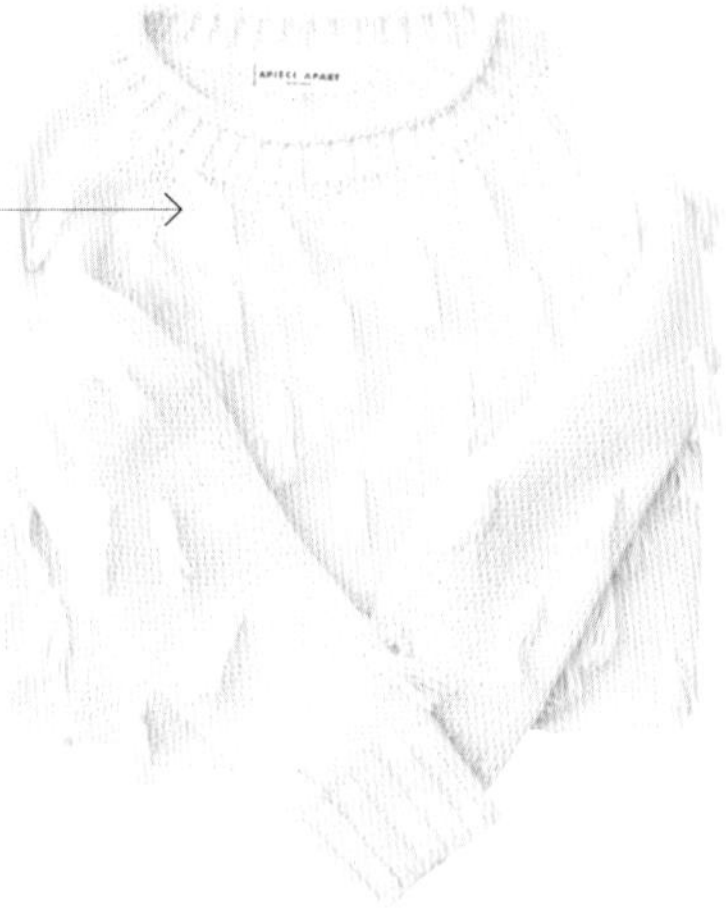

POINT
編み目が粗いローゲージニットはカジュアルでほっこりした印象になり、親しみやすさもアップ。怖く見えがちなバラタイプの味方です。

POINT
フリンジが全面的に付いている特徴的なデザイン。バラタイプなら個性的なニットでも派手になりすぎず、さらっと着こなせます。

NG ハイゲージの
コンサバニット

シンプルでコンサバなニットを着ると地味に見えるおそれがあります。着るなら、寂しくならないように存在感のあるアクセサリーを。

個性派デザインニットで
洗練度がたちまちアップ

バラタイプは形が特徴的なニットがよく似合い、着ると、元々のかっこいい雰囲気を「怖い」ではなく「洗練されている」方向に活かすことができます。ゆったりしたシルエットやフリンジ付きなどユニークなデザインのものを選んでみてください。可愛すぎないボトムスと合わせると全身のトータルバランスも良くなります。

ROSE

SKIRT
[スカート]

POINT
トップスは明るいものや優しげなものをご紹介したので、柄も素材もクールでエレガントな印象のものにしました。ご紹介してきたトップスと合わせるとトータルバランスが良くなります。

POINT
今回は膝下丈を選びましたが、膝丈スカートでも着こなせます。その場合はタイトスカートで、巻きスカート風になっているなど、エレガントな特徴があると良いでしょう。

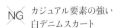

NG カジュアル要素の強い白デニムスカート

可愛くてクールで落ち着きのあるバラタイプ。白デニムだとカジュアルすぎるので、避けたほうが無難です。

トップスと相性のいいクール&エレガント

ニットと同様、スカートも個性的なものを。バラタイプには落ち着いた雰囲気があるので、派手なデザインのスカートでもさらっと着こなせます。素材は、レースやシフォンなどの可愛らしいものではなく、光沢がありクールでエレガントな印象のものが良いでしょう。

DENIM
［デニム］

POINT
洗って色落ちしたような雰囲気が出るウォッシュ加工。こちらのデニムは太もも部分に広く加工されています。色が淡いため軽やかに見える効果があり、落ち着いた声やはっきりした顔立ちのバラタイプにぴったりです。

POINT
バラタイプは、ストレートだと野暮ったく見え、スキニーだとスポーティーすぎるので、ここではボーイフレンドデニムにしました。スキニーを穿くときは濃いインディゴのものにすると似合います。

NG デニムっぽくないデニム

ぱっと見デニムに見えないデニムより、しっかりデニム生地感のあるデニムのほうがバラタイプには似合います。

ひとクセ入れつつ
ウォッシュ加工で軽やかに

何度かお伝えしたように個性のあるアイテムが似合うバラタイプ。デニムもひとクセあるデザインが似合います。ただ落ち着いたクールな印象なので軽やかさもプラスしたい……。それを叶えるのがウォッシュ加工です。加工部分は淡い色になるので軽やかな印象になり、ひとクセデザインとのバランスも自然ととれます。

PANTS
［パンツ］

POINT
シンプルな形でも、どこかにワンポイントあるパンツがバラタイプ向き。写真のようなマリンパンツは、前立のボタンの効果でかっこよくなりすぎないので特におすすめです。

POINT
ワイドパンツが特に似合いますが、似合いにくいパンツがほぼなく、ストレートやテーパードなども着こなせます。ワイドパンツ以外のときも、シンプルデザインなら色を明るく、デザインが特徴的なら無彩色にすれば失敗しません。

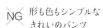

NG 形も色もシンプルなきれいめパンツ

装飾のないシンプルな白のパンツ。きれいですが、バラタイプには少しもの足りません。色かワンポイントがほしいところです。

どんな色のワイドパンツもバラタイプの得意分野

そのまま穿くだけで個性が出せるワイドパンツは、バラタイプにとって最強の味方。明るいカラーのパンツなら、ウエストにベルトやリボンやボタンが付いている程度のシンプルな形が良く、総柄や裾レースなど特徴的なデザインの場合は、黒やグレーなどの無彩色にするのが着こなしやすくおすすめです。

ONE PIECE

［ ワンピース ］

POINT

バラタイプのはっきりした顔立ちと逆のイメージの涼やかなワンピース。顔と服の印象が違う場合は、Vネックなどで顔から離すと自然になじみます。

POINT

こちらのワンピースはスカートの裾が特徴的。こうした特徴的なシルエットのワンピースをバラタイプなら自然に着こなせます。

NG コントラストの強いワンピース

コントラストが強いと涼やかさはなくなってしまいます。柄もの、特に大柄ものも似合いますが配色だけはこだわってみましょう。

風になびくシルエットに
さわやかカラーで涼やかに

バラタイプにぜひ着てほしいのは涼やかな雰囲気のワンピース。ワンピースは布面積が大きいので印象が強くなりがちです。そこで涼やかなワンピースを着て、バラタイプのはっきりした顔立ちとのバランスをとりましょう。水色などのさわやかな色で、風になびくようなシルエットのものを着るととても素敵です。

JACKET

[ジャケット]

POINT

インパクトある赤ジャケットを自然に着こなせるのもバラタイプの特長。明るい色全般が似合うので、もちろん赤以外でも大丈夫です。カラージャケットに思い切って挑戦してみてください。

POINT

ツイードのような温かみのある素材感は、クールなバラタイプに優しげな雰囲気をプラスしてくれます。ただ、リボンやフリルが付いているなど可愛らしすぎるものは似合いにくいので注意してください。

NG 光沢素材とシックな色み

「明るくて親しみやすそう」に見せたいので、色が明るいものか、ほっこり感のある素材がベストです。

あえてクールに見えないジャケットにチャレンジ

着るとクールや真面目な印象になりやすいアイテムがジャケットです。バラタイプが着るなら、明るい色みのものがおすすめ。元々黒や紺などのかっちりしたジャケットを着ると、バラタイプのクールな印象が強調されて怖く見える心配があるからです。黒・紺・グレーのシックな色を着るときは、明るい色でメイクをするとバランスがとれます。

COAT
[コート]

POINT
膝上〜膝丈のビッグシルエットが似合うので、トレンチコートも着こなせます。ただ、黒や紺などのトレンチコートをバラタイプが着るとクールになりすぎるので、色はベージュやキャメルなどがおすすめ。

POINT
ここでは優しげなベージュのコートをチョイス。しかし可愛い色にしてしまうと幼く見えます。ピンクなどの可愛らしい色を着るなら、トレンチコートなどかっちりしたシルエットのものにしましょう。

NG チェックなどの規則的な柄

チェックや千鳥格子などの規則的な柄をバラタイプが着ると、古めかしい印象になりやすいので避けたほうがベター。

モコモコ素材さえ さらっと着こなせる

インパクトのあるコートでもさらりと着られるのがバラタイプのすごさ。コートはただでさえ人の印象に残りやすいアイテムですが、バラタイプはさらにインパクト大のビックシルエットも着こなせます。クールに見えすぎないようにしたいのでモコモコ素材のように温かみも取り入れると良いでしょう。

ACCESSORIES

［ アクセサリー ］

POINT

顔のパーツがはっきりしているので、一粒ピアスや一粒ネックレスのような華奢なものだとあまり目立ちません。あえてネックレスはせず、ピアスに視線を持ってきたり顔から遠い腕や手にアクセサリーをすると良いでしょう。

POINT

目など顔のパーツに丸みがあるので、アクセサリーで縦のラインをつくりましょう。フープピアスではなくモチーフが縦に並んだピアスをつけるとすっきりした印象になります。

NG 顔まわりにたっぷりモチーフ

テイストは似合いますが、顔周りにたっぷりのモチーフはやりすぎた印象になります。つけるならモチーフをもう少し少なめに。

クールな金属素材より
ヴィンテージモチーフを

しつこいかもしれませんが、バラタイプは個性的なものはよく似合います。アクセサリーもシルバーやゴールドなどかっこいい印象のものよりも、ヴィンテージ感やレトロ感のあるモチーフがなじみます。ヴィンテージ感のあるものを選ぶのが難しければ、「個性的だけど怖く見えない」と感じたものを選んでみてください。

TYPE/ **03** CHERRY BLOSSOMS

サクラタイプの
ワードローブ

アクセサリー
▷ P109
ジャケット
▷ P107
コート
▷ P108
ワンピース
▷ P106
パンツ
▷ P105

T-SHIRT&CUTSEW

［ Tシャツ・カットソー ］

POINT

袖に大きなフリルがついているのが特長。このように横にボリュームがあるシルエットはサクラタイプの線の細さをカバーします。飾りのないシンプルなデザインを着る場合は、明るい色を選んでバランスをとってください。

POINT

一部花柄が入っているので華やかな印象に。このように繊細な柄が入っていると、ほどよく華やかに見えます。なお柄入りカットソーを着るときは、写真のようにベースの色を黒や紺など落ち着いた色にすると派手すぎません。

NG 落ち着いた色の
シンプルシルエット

裾が印象的ですがボリューム感はなく、落ち着いた色み。サクラタイプが着るなら柄か色またはボリュームがあると良いでしょう。

好印象を残してくれる
控えめな色の華やかカットソー

可愛らしく清楚なサクラタイプに着てほしいのは、好感度の高さを残しつつ華やかさもプラスする服。シルエットと柄が華やかで、色は落ち着いたＴシャツやカットソーだとベストです。サクラタイプは控えめな印象を持たれやすく、シンプルな服を着ると地味に見えることがありますが、華やかさを取り入れると印象に残る人になれます。

BLOUSE&SHIRT

[ブラウス・シャツ]

POINT

モード、スポーティー、フェミニンなど、どんなブラウスも着こなせますが、いちばん似合うのは上品なタイプ。特に色はきれいなものを。写真のようなラベンダーカラーなど、華やかで上品な色を取り入れてみてください。

POINT

決して派手なデザインではありませんが、ストールをふわっとかけたようなデザインで個性的なブラウスです。このようなさりげなく特徴的なブラウスがサクラタイプにぴったりです。

NG マルチカラーの柄ブラウス

どんなブラウスも似合いますが、あえてNGを挙げるなら多色使いのこちら。ただ、ボウタイは似合います。

徹底的に上品なブラウスが着る人の良さを引き出す

サクラタイプにはブラウス全般がとてもよく似合います。デザインも色もとにかく上品であるほどおすすめ。つまりどちらもやりすぎて派手にならないのがミソです。定番の色・素材のブラウスは、自分に合うサイズのものを一枚持っておくと良いでしょう。

KNIT

［ ニット ］

POINT

明るくきれいな色が似合い、赤いニットも着こなせます。白・黒・グレーなどの無彩色ニットを着るときは、ボトムスを華やかにしてください。

POINT

ハイゲージのニットは薄手のものを選べば、ジャケットなどきれいめな羽織りのインナーにもなり重宝します。反対にローゲージニットはサクラタイプが着ると野暮ったくなるおそれが。

NG モチーフつきの
カラーニット

華やかな色は似合いますが、そこにボタンなどが付くとやりすぎな印象に。モチーフニットを着るときは色を抑えましょう。

明るくて品が良い人になれる
ハイゲージカラーニット

サクラタイプにとにかくおすすめしたいのが、きれいな色のハイゲージニット。きれいな着こなしに見えるのでサクラタイプにぴったりです。ハイゲージニットはダボッとしたシルエットにならないので、顔のパーツの丸さともバランスがとれます。

SKIRT
[スカート]

POINT
ここではピンクのスカートをチョイスしました。緑や青など色みが強いと優しい印象を出しにくくなるので、このような明るい色を選ぶと良いでしょう。

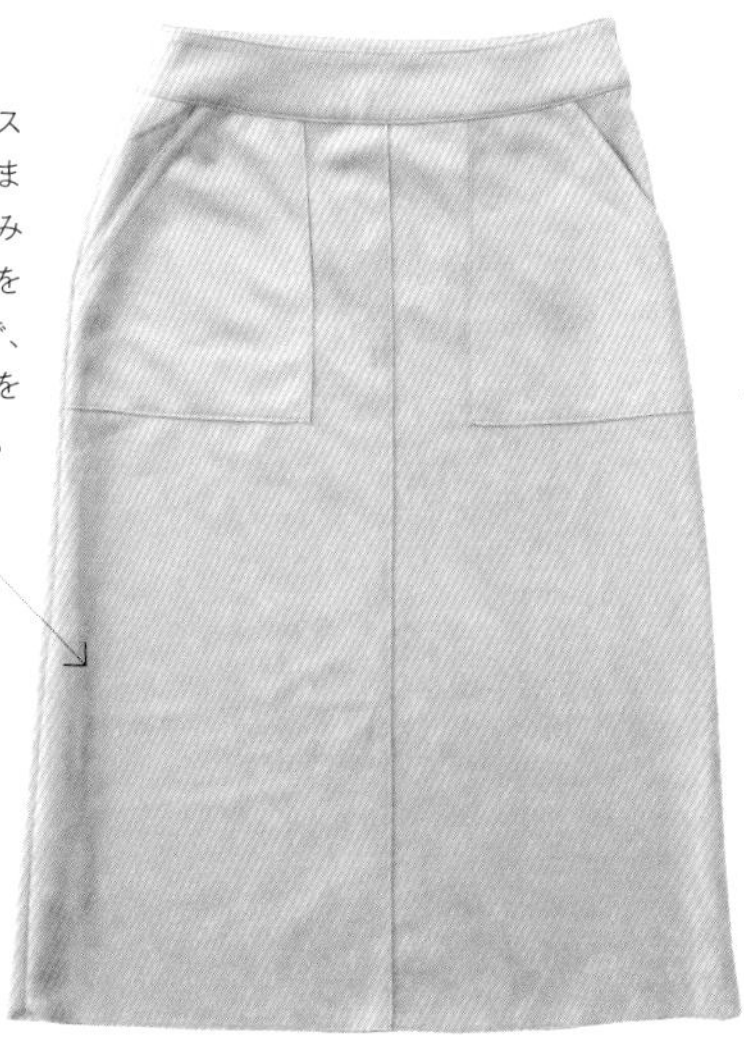

POINT
写真のようなスウェード生地は優しい印象になるのでサクラタイプにぴったり。シルエットが大人っぽいスカートのときは、素材でも優しさを表現してみましょう。

NG 丈と素材がカジュアルなスカート

似合いにくいスカートをしいて挙げるならこちら。ロング丈かつチノ素材なのでサクラタイプにはカジュアルすぎる印象になるでしょう。

きりっと大人っぽいペンシルスカート

どんなスカートも穿きこなせるのがサクラタイプの特長ですが、なかでもおすすめなのは写真のような、明るい色のペンシル型スカート。まっすぐなシルエットがきりっと大人っぽい雰囲気をつくってくれ、明るい色がサクラタイプの優しい印象を引き出してくれます。

DENIM
［デニム］

POINT
すそがほつれたようなデザインのデニムをピックアップしました。このようにデザイン性のあるデニムにブラウスを合わせるのがおすすめ。品が良いけどカジュアルなコーディネートになります。

POINT
写真のような、ウォッシュ加工のインディゴデニムのほか、白デニムも、上品ながら個性も加えられてよく似合います。反対にブラックデニムはクールな印象が強く、サクラタイプには似合いにくいアイテムです。

NG ダボッとしたシルエット

ゆったりしたデニムやスキニーデニムは清楚な雰囲気とかけ離れるため、難易度が高め。シルエットは冒険しないほうが無難です。

加工ありデニムで遊び心を

サクラタイプの方は、少し特徴のあるデニムを選びましょう。ストレートデニムでもごくシンプルなデザインだと野暮ったくなりやすいからです。他の服が比較的シンプルな分、デニムはちょっと遊びのあるデザインを選ぶと意外性が出せます。

PANTS
［パンツ］

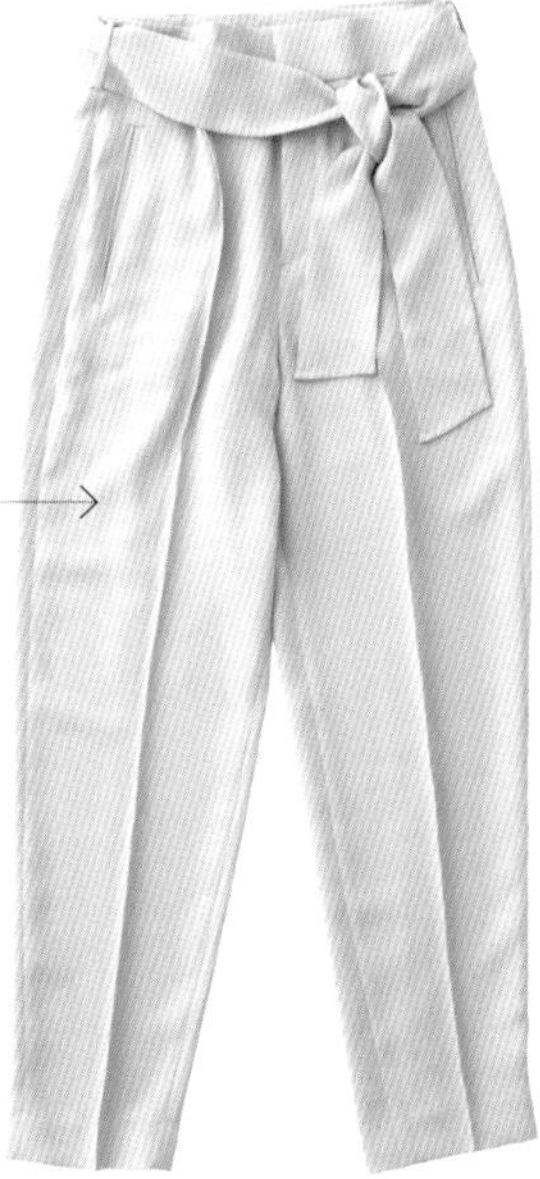

POINT
トップスが白・グレー・黒・紺のときは、少し特徴的なデザインのパンツが最適です。しかしワイドパンツは苦手なタイプ。ウエストリボン付きのパンツなどディティールに少しこだわるくらいで十分です。

POINT
写真のようなライトグレーに加えて、白や水色、ミントグリーンなどもぴったり。青や緑などはっきりした色よりも涼しげできれいな色のほうがおすすめです。

NG 大きな柄の個性的パンツ

何色も入った大柄デザインでかなり主張の強い服。少し個性のある服をおすすめしてきましたが、やりすぎは禁物です。

きちんと感とさわやかさが両立

きちんと感もさわやかさも、優しい雰囲気も引き出してくれるのがテーパードパンツです。足首にむかって細くなるすっきりしたシルエットやセンタープレスには、きりっと見せる効果が。色は黒やダークグレーなどの落ち着いた色よりは、涼やかな色にするとさわやかにまとまります。

ONE PIECE

[ワンピース]

POINT

ワンピースは基本的に似合うのですが、クラシックな雰囲気のものだと野暮ったく見えることも。アーガイルや千鳥格子、水玉や小花柄などクラシックなデザインよりは大柄のほうがおすすめです。

POINT

トップス部分が体に沿うシルエットになっているワンピースです。全身ではなく一部が体にフィットする、ほどよいボディコンシャスタイプは特にお似合い。元々の可愛らしい雰囲気が、女っぽさへと様変わりします。

NG 小花柄のワンピース

細かい柄が全面に入り、ゆったりしたシルエット。柄もシルエットも、サクラタイプが着ると野暮ったく見えやすい要素です。

華やかワンピースを普段使いで

スカートと同様、ワンピースも似合います。「華やかすぎるかも……」と思うくらいのものを普段使いしてみてください。サクラタイプの方が着ると落ち着いた印象になり、案外普通に見えるものです。花柄のように上品さがあれば大柄でも大丈夫。パンツだと主張が強い印象になりますが、女性らしさのあるアイテムなので華やかに見えます。

JACKET

[ジャケット]

POINT

ノーカラーで２枚襟が特徴的なジャケットです。このように、シルエットがやや特徴的でエレガントな雰囲気のものはまさにサクラタイプ向きのジャケットと言えます。

POINT

素材も光沢感がありきれいな印象のものがおすすめ。サテンジョーゼット素材やポンチ素材などはその一例です。

NG 光沢のないほっこり素材

ツイード素材のジャケットは個性が強すぎます。明るい色も、ジャケットではなく他のアイテムで取り入れましょう。

ジャケットはシンプルがベスト

可愛らしいサクラタイプを大人の女性に仕上げてくれるのは、きれいなデザイン・シルエットのジャケットです。一見シンプルなジャケットでも、サクラタイプが着るとシンプルになりすぎず、きちんと感が際立ちます。「サクラタイプは個性を入れてください」とお伝えしてきましたが、ジャケットは「きれいさ」が鍵です。

COAT
［ コート ］

POINT

トレンチコートは、色の具合や素材で高級そうにも安そうにも見えるものです。今回は上質感を感じられる明るいベージュで、生地が固くてハリのあるものを選びました。

POINT

ライダースジャケットやミリタリーコートなど、男性的でかっこいいものはサクラタイプのイメージと遠く、そのまま着てもちぐはぐなイメージになりかねません。着るときは中のトップスやボトムスをエレガントな服にするとバランスがとれます。

NG 個性的シルエットのトレンチコート

トレンチコートでもポンチョ型は主張が強い印象。サクラタイプが着るなら、丈やベルトで個性を取り入れる程度がベストです。

華やかさを添えるロング丈

きれいな服を着こなすのが得意なサクラタイプにはトレンチコートがよく似合います。トレンチコートは定番のアイテムですが、これまでもお話ししてきたように、個性的な要素を取り入れると、地味に見えません。たとえばロング丈のものを選ぶなどシルエットを大きめにすると、華やかに見える効果があります。

ACCESSORIES

［ アクセサリー ］

POINT

顔のパーツがはっきりしているので大ぶりなアクセサリーだと派手になり、服が上品なので一粒パールなどの繊細なものだと存在感が薄い……。大きすぎず小さすぎないモチーフはそんなサクラタイプの味方です。

POINT

ピアスとネックレスはどちらか一つにしたほうが服をきれいに見せられます。チェーンが揺れるエレガントなピアス、縦にモチーフが並んだカジュアルなイヤリング、天然石のアンティーク風ネックレスなどでも素敵です。

NG 大ぶりモチーフのアクセサリー

大ぶりモチーフがたっぷり付いており存在感がかなりあるため、サクラタイプがつけると顔や服よりも目立ってしまいます。

目をひくモチーフをさりげなく

目をひくモチーフが１つだけ付いたアクセサリーをつけてみてください。天然石でも良いですし、明るい色のモチーフも目をひきます。つけるだけでおしゃれに雰囲気が出るうえ、サクラタイプの服とも抜群のバランスです。セレクトショップはこうしたアクセサリーの宝庫なので、これから購入する方は是非チェックしてみてはいかがでしょうか。

TYPE/ **04** **MARGARET**

マーガレットタイプのワードローブ

アクセサリー
▷P121
ジャケット
▷P119
コート
▷P120
パンツ
▷P117
ワンピース
▷P118

T-SHIRT&CUTSEW

[Tシャツ・カットソー]

POINT

フレアの袖など可愛らしいTシャツは声のトーンと合いにくいのですが、比較的どんなTシャツも着こなせます。こちらのTシャツは意外に振り幅が広く、カジュアル服やクール服、可愛らしい服にも合うのが魅力です。

POINT

デザインで個性を出す分、素材はシンプルにしましょう。素材で特徴を出すと派手さが強くなり顔の雰囲気と合いにくくなります。綿やポリエステルなどごく一般的な素材にすると、やりすぎ感なく自然に着こなせます。

NG 可愛らしい
ギャザーTシャツ

似合いにくいTシャツをしいて挙げるならこちら。ギャザー部分が特徴的な素材かつ可愛らしい雰囲気なのでマーガレットタイプの雰囲気とは異なります。

さりげなく
個性的な白Tシャツ

落ち着いた雰囲気で、さらっとおしゃれに服を着こなすのがマーガレットタイプの特長。特にTシャツはマーガレットタイプの得意なアイテムです。今回は白のフリンジTシャツをセレクトしました。フリンジは個性的なモチーフですが、白地なのでやりすぎ感がなく自然に着こなせます。

BLOUSE&SHIRT

[ブラウス・シャツ]

POINT
ここではボウタイの柄ブラウスをピックアップしました。カジュアル、クール、きれいめなど意外と幅広いジャンルに合わせられるので、さまざまなボトムスと合わせてみてください。

POINT
華やかなブラウスが似合う反面、シンプルなブラウスだと寂しい印象になりがちです。またTシャツと同様、ディティールが可愛らしいブラウスは似合いにくい傾向があり、クールやカジュアルなものはよく似合います。

NG フェミニンなブラウス

Tシャツと同様、可愛らしいブラウスはマーガレットタイプの落ち着いた雰囲気となじみにくいところがあります。

明るい色の柄ブラウス

落ち着いた雰囲気のマーガレットタイプが個性的なデザインや明るい柄のブラウス・シャツを着ると、華やかさときりっとした印象を加えられます。華やかなブラウスやシャツが似合うので、前ページのTシャツのようなフリンジの他、柄やボウタイなどデザインやディティールで個性を出しましょう。

KNIT
［ ニット ］

POINT

レース使いのニットも、Vネックできりっとさせると、クールでおしゃれに見せられます。色はベージュや白やグレーなど落ち着いた色がおすすめです。

POINT

Tシャツとブラウスは可愛らしいものをおすすめしませんでしたが、ニットなら多少フェミニンでも大丈夫。スカートでもパンツでも良いので、グレーのスキニーデニムなどクールな雰囲気のものと合わせましょう。

NG 明るい色の
多色ニット

ニットはベーシックな色のほうが洗練されて見えます。明るい色の多色ニットを着ると野暮ったく見えかねません。

どんなニットも
着こなせる

ニットも、マーガレットタイプがさらっとおしゃれに着こなせる服の一つです。ハイゲージで体にピタッとフィットするニットも素敵に着こなせますし、ローゲージのニットを着ても野暮ったくならないのはマーガレットタイプの長所。是非カジュアルなニットも楽しんでください。

SKIRT
［スカート］

POINT
今回選んだのは白のデニムスカート。デニム生地でカジュアルさを、膝丈と白でヘルシーさを表現できます。思いっきりカジュアルな一着が似合うのもマーガレットタイプならではです。

POINT
落ち着いていて自立したかっこいい雰囲気もあるので、かっこいいスカートも似合います。たとえばレザー風生地のスカートを、前ページで紹介したニットと合わせても素敵です。

NG 可愛らしいフレアスカート

柔らかい素材で明るい色のフレアシルエットはエレガントな雰囲気。落ち着いたマーガレットタイプには少しもの足りない印象です。

デニムスカートでヘルシーに

カジュアルな服が似合いヘルシーな雰囲気が似合うマーガレットタイプ。スカートは可愛らしく着るより、カジュアルに着こなすほうがイメージにぴったりです。上下カジュアルなアイテムを選んだり素足を出したりしても部屋着感がなく、おしゃれに見せられます。ぜひ大人のカジュアルファッションを楽しんでみてください。

DENIM
[デニム]

POINT
グレーのスキニーデニムは大人っぽくクールなので、カジュアルテイストを気張らず着たいマーガレットタイプにぴったり。しかもカジュアルな服にもきれいめの服にも合います。

POINT
インディゴデニムはアクティブさと可愛らしさがあるので、落ち着いた声のトーンと合いにくいところがあります。インディゴデニムを穿くならダメージ加工の入ったものや、ウォッシュ加工で色落ち感のあるものを選びましょう。

NG 加工のない
インディゴデニム

ウォッシュ加工やダメージ加工のないインディゴデニムです。マーガレットタイプが着るなら加工ありのほうが似合います。

グレーデニムなら
ヘルシーでクール

マーガレットタイプがデニムで取り入れたいのは、カジュアルさとクールさとヘルシーさ。それを叶えてくれるのがグレーのスキニーデニムです。デニム自体がカジュアルなアイテムですが、スキニーにするとすっきりとしたヘルシーさを、グレーを選ぶとクールさを表現できます。

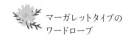

PANTS
［パンツ］

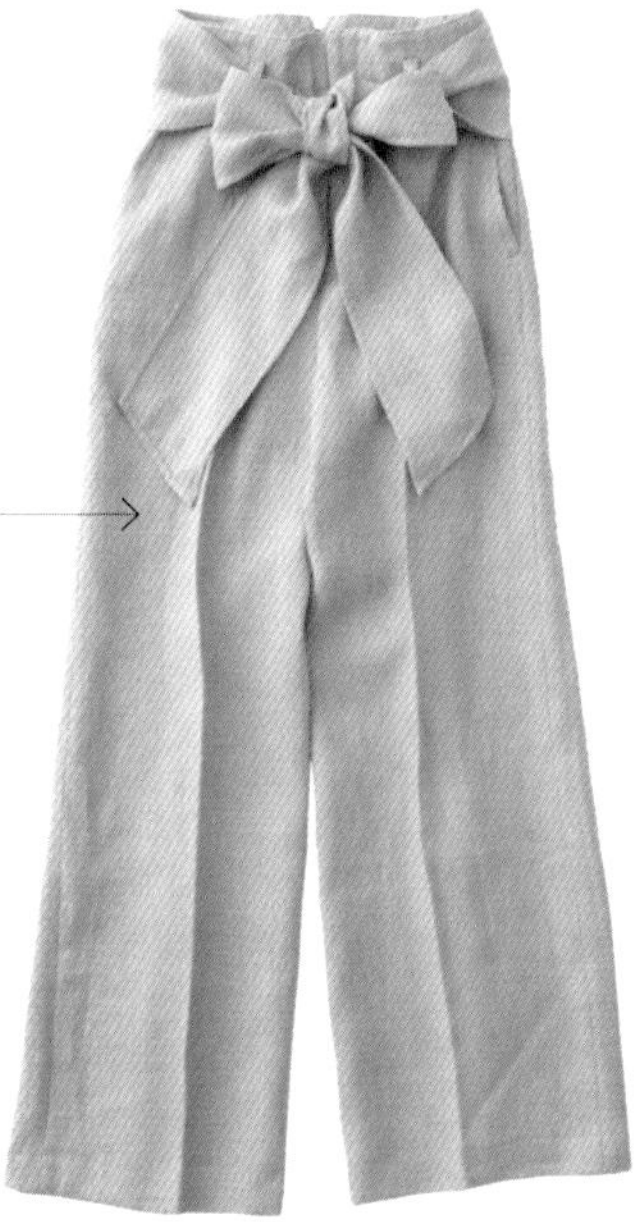

POINT
素材はカジュアルですが、センタープレスやウエストリボンの効果できちんと感もあるワイドパンツです。カジュアルファッションだけでなくエレガントファッションにも合い、重宝すること間違いありません。

POINT
リネンはマーガレットタイプにおすすめしたい素材の一つです。リネンならではの風合いが洗練度を一気に引き上げてくれ、ナチュラルな雰囲気は飾らない印象によく似合います。

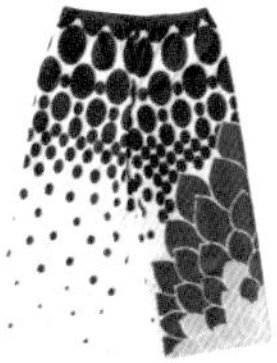

NG 明るい色の柄パンツ

柄パンツは似合いますが、このような明るい色は雰囲気に合いません。柄パンツなら落ち着いた色がおすすめです。

自然体なのにおしゃれなリネンパンツ

カジュアルテイストが似合うマーガレットタイプには、ワイドパンツやストレートパンツがぴったり。スニーカーなどメンズライクな靴と合わせるのが特におすすめです。ここでは飾らない雰囲気なのにおしゃれな印象になる、リネンパンツを紹介します。

ONE PIECE

［ ワンピース ］

POINT

紺地がかっこいい、ゆったりしたワンピース。太いベルトを巻いてインパクトを出し、メリハリを付けました。アクセサリーを大ぶりにしたり、靴の柄・素材・モチーフを派手にしたりしても、着こなしを格上げできます。

POINT

エレガントなワンピースを着るときも、ゆったりシルエットを選びましょう。靴はヒールなど華奢なものが合います。なおジャージ素材は唯一、体にフィットするシルエットでも大丈夫です。

NG エレガントな
ワンピース

色、シルエット、柄、素材すべてがエレガント。着るならトップス部分のシルエットがゆったりしていると良いでしょう。

かっこよさが最高のスパイス

形か色か素材のいずれかをかっこよくするのが、似合うワンピース選びのコツです。ウエストが細いエレガントなものより、ゆったりしたシルエットのほうが似合います。そんなワンピースを、気負わずに、でもひと工夫しておしゃれに着るのが得意だからです。ここでは紺地ワンピースで工夫のしかたを伝授します。

JACKET

[ジャケット]

POINT

色は定番の紺ですが、ロング丈が特徴的なジャケット。丈が長い分、スタイリッシュに見えて、マーガレットタイプの顔立ちに良く合います。カジュアルなファッションにも使える便利な一着です。

POINT

袖口を折るとストライプ柄の裏地が出現します。こうしたディティールもおしゃれに見えるポイント。特にストライプは、マーガレットタイプのカジュアル服とも相性抜群の柄です。

NG 明るい色の可愛いジャケット

ジャケット自体は似合いますが、可愛らしいものは苦手です。選ぶなら、黒やグレー、紺などダークでクールな色にしてみましょう。

定番ジャケットをロング丈で格上げ

マーガレットタイプはジャケット全般がとてもよく似合います。声が落ち着いていることもあり、かっちりしたジャケットの雰囲気と相性が良いのです。シルエットやデザインに少しこだわると「定番服をかっこ良く着こなせる人」に見えてますます素敵です。

COAT
[コート]

POINT

ぱっと見は定番のチェスターコートですが、背中側の生地がチェック柄になっており裾にはフリンジが。こうした遊び心のあるデザインがあると、ベーシックな服でも、おしゃれ度がワンランク上がります。

POINT

紺色で丈が長いため、大人っぽくかっこいいコート。かっこいいアウターが似合うのでレザージャケットでも素敵です。明るくきれいな色や大きな襟付きなどの可愛いコートよりも、洗練された印象になります。

こだわりデザインの
チェスターコート

チェスターコートのようにやや男性的で落ち着いた印象のコートは、マーガレットタイプに最適。元々の落ち着いた雰囲気にも合い、可愛らしい顔立ちをすっきり見せてくれます。遊び心もあるデザインだとさらに完璧で、着るだけで「普通の服を特別おしゃれに着こなす人」に見えること間違いありません。

NG モコモコの
インパクトコート

カジュアルかつ、かっこよく着れば似合います。スカート×パンプスではなく、ワイドパンツ×スニーカーを合わせましょう。

ACCESSORIES
[アクセサリー]

POINT
マーガレットタイプは落ち着いた雰囲気ですが顔立ちははっきりしています。顔周りがごちゃごちゃしないよう、ネックレスはつけずピアスのみで十分です。反対に、ネックレスをするときはピアスなしが良いでしょう。

POINT
つけるアクセサリーの数を絞る分、存在感があって華やかなものを選びましょう。こちらのピアスはモチーフが縦長なので、顔のパーツが丸いマーガレットタイプがつけるとすっきりした印象になります。

NG パールのアクセサリー

カジュアルな服に短めの一連パールは似合いますが、エレガントな服と合わせるとパーティーファッションのように見えがちです。

明るいアクセサリーで華やかさをプラス

マーガレットタイプは、色を足して華やかにするためにアクセサリーを使いましょう。元々落ち着きのある雰囲気なうえに、紹介してきた通り落ち着いた色みの服が多いので華やかな色でバランスをとります。天然石などナチュラルなモチーフのアクセサリーにすると、つけるだけでセンスが良く見えます。

TYPE/ **05** LILY

ユリタイプのワードローブ

アクセサリー
▷ P133
ジャケット
▷ P131
コート
▷ P132
パンツ
▷ P129
ワンピース
▷ P130

T-SHIRT&CUTSEW

[Tシャツ・カットソー]

POINT

きりっとした顔立ちを活かすため、可愛らしさやエレガントさも取り入れながら、全体はシャープな印象でまとめましょう。写真のトップスはきりっと引き締まる色がポイントです。

POINT

ユリタイプのエレガントな雰囲気もキープしたいもの。こちらのトップスは、短めの着丈が女性らしさを引き出し、フリルが柔らかい雰囲気をつくってくれます。

NG ボリューミーなカットソー

どちらもフリル付きですが、横に広がるシルエットの柄入りがカジュアルな雰囲気。ユリタイプにはきれいめなほうが似合います。

コンパクトな形とエレガントデザイン

美しく品格ある雰囲気のユリタイプには、だらしなく見えないシルエットが必須です。丈が長いものや身幅の太いもの、首元の空きがゆるいものは避けましょう。Tシャツもカットソーもカジュアル感が強いので、エレガントさを取り入れるとユリタイプの雰囲気に合わせやすくなります。

BLOUSE&SHIRT
[ブラウス・シャツ]

POINT
清らかな印象の白いブラウス。クールではっきりした顔立ちなので、シンプルなブラウス・シャツのほうがバランスをとれます。柄や色、デザインが華やかなものを着るときはVネックなどにして、顔から少し離しましょう。

POINT
風になびくような柔らかい素材はエレガントな雰囲気。このようにエレガントな要素を足すことで、ユリタイプの品格や美しさが活きてきます。優しげに見える効果もあるので、すっきりした色を着るときに特におすすめです。

NG かっちりしたブラウス

ハリのある素材でかっちりした雰囲気ですが、ユリタイプの女性らしく美しい雰囲気となじみにくいのが難点です。

ベーシックブラウスで清らかな雰囲気に

凛としているユリタイプにはブラウスがよく似合います。個性的なものよりは、ベーシックなものをシンプルに着るほうが素敵です。重要なのはデザインよりも清潔感。Tシャツ・カットソーと同様に、だらしなく見えないものを着てください。シワが入っているのももちろんNGです。

KNIT

［ ニット ］

POINT

裾が斜めになったユニークなデザインがポイントです。きちんと感ときれいさのあるニットをそのまま着ると落ち着きすぎてしまいますが、特徴的な要素が加わると洗練された雰囲気になります。

POINT

濃くて鮮やかなロイヤルブルーが上品で、ユリタイプにぴったりです。トップスもボトムスも落ち着いた色の服が似合う傾向にありますが、ニットでは好みの色を楽しんでみてください。

NG　マルチボーダー

品のあるきれいなシルエットのニットですが、マルチボーダーは野暮ったく見える可能性があります。

きちんと感のある
ハイゲージニット

きめ細かい編み地のハイゲージニットにはきれいな雰囲気があり、きちんと感を出したいユリタイプにはまさにおすすめ。ただ、きちんと感といっても柄ものには注意が必要。たとえばアーガイルは、気品あるトラディショナルな柄ですが、野暮ったく見えることもあるため、ニットでは取り入れないほうが無難です。

SKIRT
［ スカート ］

POINT
裾がアシンメトリーになっているので、普通のフレアスカートよりさらにふわっと動き、柔らかい雰囲気が出ます。タイトスカートをユリタイプが穿くとかっちりしすぎるので、風になびくようなスカートを選びましょう。

POINT
柄なしで写真のようなピンクやラベンダーカラーのスカートは、優しい雰囲気を引き出してくれるので普段使いにおすすめです。一方、赤や青などの大胆な色はとても目立ちます。華やかな場でぜひ挑戦してみてください。

NG カジュアルなタイトスカート

白いデニムのカジュアルさより、ユリタイプの品の良さが勝ってしまいます。カジュアルに着るにはスタイリングテクニックが必要。

柔らかい素材で優しい雰囲気に

凛とした美人のユリタイプ。柔らかい素材のスカートにすることで親しみやすさと優しい雰囲気も出てきます。膝下丈のスカートだと品の良さも出せます。スカートはどんな色でも大丈夫です。他のアイテムが落ち着いた色みなので明るい色だとコーディネートが華やかになりますし、鮮やかな色よりは白が混ざったような優しい色みだとスカートのイメージにもぴったりです。

DENIM
［デニム］

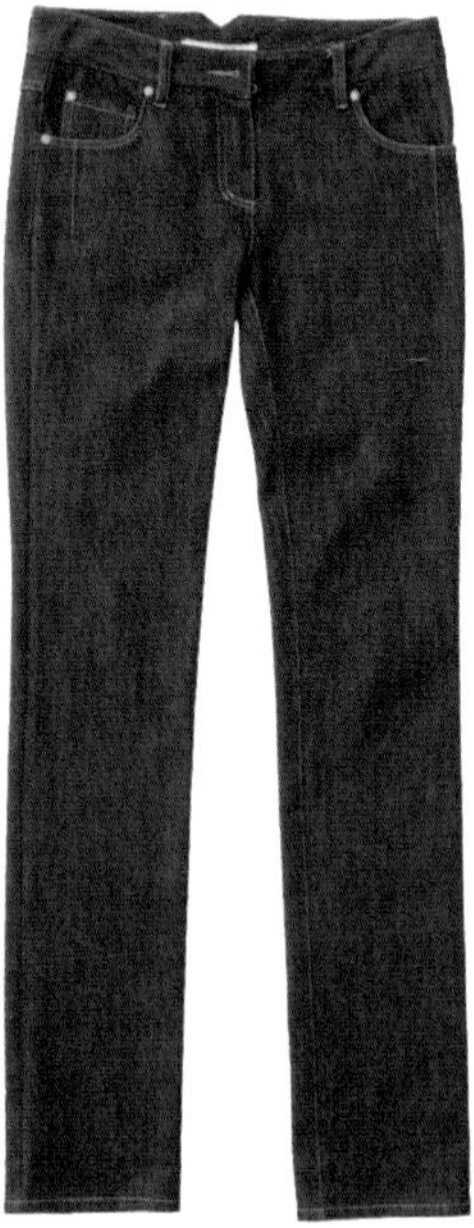

POINT

色落ちも加工もないインディゴブルーのデニムはきれいな印象。ダメージデニムや色落ちデニム、スキニーデニムのようなかっこいいデニムよりもユリタイプの雰囲気となじみます。

POINT

スキニーデニムのように細すぎずワイドデニムのように太すぎないシルエットがユリタイプ向き。１２５ページのようなブラウスと合わせると、エレガントなのにカジュアルに仕上がります。

NG グレーの
スキニーデニム

黒やグレーのスキニーデニムを穿くと、服のクールなイメージとユリタイプの品の良さが喧嘩して、まとまりがなくなることも。

色落ちなしのデニムでエレガントに

デニムはカジュアルな服の一つですが、ユリタイプはエレガントに穿いてカジュアルにしすぎないようにするととても似合います。具体的には、色落ちや色落ち風加工のないデニムが最適。形もゆったりしているとカジュアルすぎるので、ストレートタイプか足首に向かって細くなるテーパードタイプがいいでしょう。

PANTS
［パンツ］

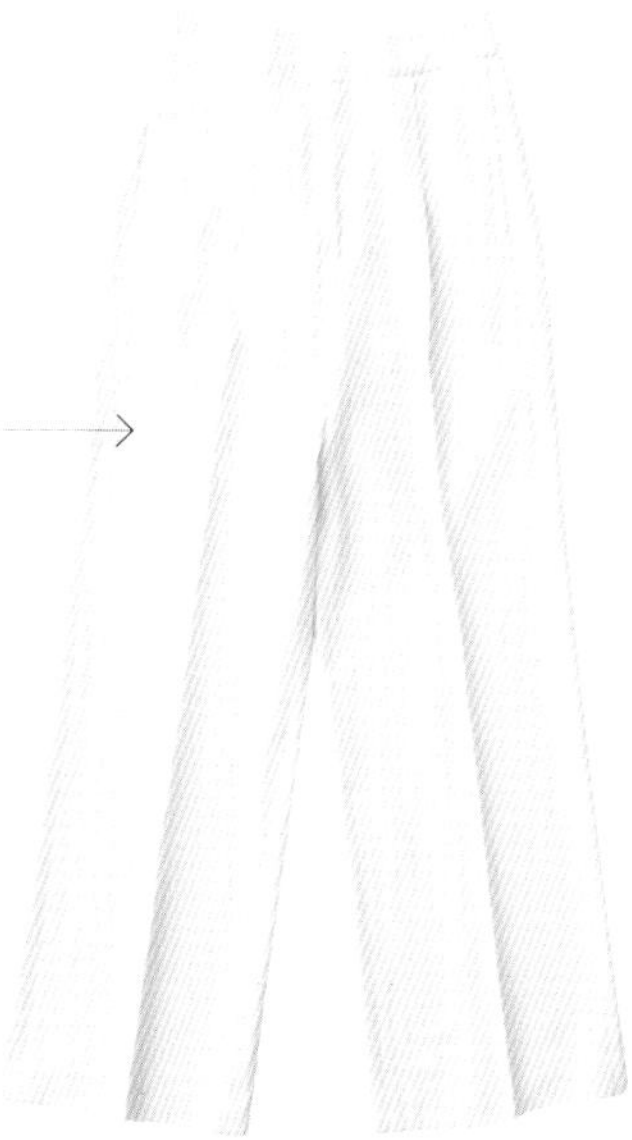

POINT
柔らかい素材が、優しくエレガントな雰囲気を高めてくれます。ヒール靴や革のバッグと合わせるときちんと感も出せるので、仕事用ファッションにも活躍すること間違いありません。

POINT
「迷ったら白を選べば間違いない」というほど、ユリタイプは濁りのない白が本当によく似合います。凛とした感じを表現してくれる色なので、ぜひ取り入れてみてください。

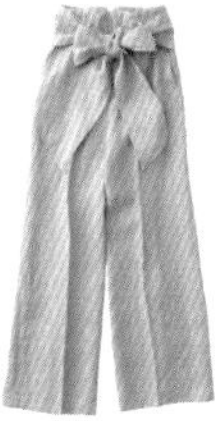

NG カジュアル素材のワイドパンツ

こちらはきちんと感のある形なのでOKですが、これ以上太いものやセンタープレスがないものは部屋着のように見えかねません。

柔らかい素材が品の良さを引き出す

デニムと違い、パンツであればワイドシルエットもおすすめです。素材や色次第で、上品さを十分引き出せます。服や小物との組み合わせによっては、いかにも仕事ができそうなかっこいい着こなしになり、振り幅が広いのも魅力です。ただスウェット素材のラフなパンツは、どうしても部屋着のようなリラックス感が出てしまうので避けましょう。

ONE PIECE

［ワンピース］

POINT

無地ワンピースで素材勝負をするも良し、柄ワンピースで華やかにするも良しのユリタイプ。どんなワンピースも似合いますが、ペイズリー柄やギンガムチェック、小花柄だとレトロな雰囲気になることもあります。

POINT

トップス部分は体にフィットするシルエット、得意な白が目をひくデザイン、ネイビーと白の大胆な切り替え……。ユリタイプに似合う要素が、これでもかというほど詰め込んであるワンピースです。

NG 細かい柄のワンピース

似合いにくいワンピースをしいて挙げるならこちら。細かい柄のワンピースはレトロな印象になるおそれがあります。

大胆なデザインのワンピースに挑戦

顔のパーツがきりっと大きく、女優さんのようなユリタイプは、華やかなワンピースがよく似合います。他の服では比較的無地のものや落ち着いた色をおすすめしてきましたが、ワンピースは色でも柄でもシルエットでも華やかなものを楽しんでください。大胆なデザインも見事に映えます。

JACKET
［ ジャケット ］

POINT

定番のネイビーや黒のジャケットだと、お堅い人に見えてしまうことがあります。美しくジャケットを着るなら、やはり白がいちばんのおすすめ。ライトグレーやライトベージュなどの優しい色を着ても素敵です。

POINT

きれいに着るといっても、デザインはすっきりシンプルがベスト。たとえば金色のボタンがついていたりリボンモチーフが付いていたりすると、凛とした印象が薄れてしまいます。装飾のないデザインを選びましょう。

NG ツイードのジャケット

ツイード素材は温かみがありますが、素朴な印象にもなります。ユリタイプに必要なすっきり感とは真逆の素材です。

きれいに見せるには サイズ感が重要

ユリタイプにとってのジャケットは、抜きんでた美しさを表現してくれる服。だから、きれいに着られるものを選びましょう。シルエットはタイトなものでもダボッとしたものでもなく、丈や袖丈・身幅が自分の体に合うものを。ジャストサイズを着るときがいちばんきれいに見えます。

COAT

［コート］

POINT

前を開けて着るか、閉じたときに首元がV字型に開くものだとすっきりして見えます。立ち襟や首の詰まったコートはすっきり感が薄れるので、着るときに髪をまとめるとバランスがとれます。

POINT

紫がきれいなロングコートは、きれいなシルエットもポイントです。こちらは、ベルトがウエストを細く見せてくれ、裾に向かって広がるAラインが下半身をカバー。スタイルよくエレガントに見えます。

NG 珍しい形のコート

華やかな色が似合いますが、シルエットはエレガントなものがベスト。トレンチコートも定番のロング丈デザインが似合います。

ユリタイプのコートは鮮やかな色がカギ

全体的には落ち着いた色の服が似合うユリタイプ。コートは、ワンピースと同様、アイテム自体に品があるので色を鮮やかにして華やかにするのがおすすめです。いちばん面積の広いところに鮮やかな色を持ってくるのは勇気がいるかもしれませんが、美しくオーラのあるユリタイプだからこそできることなので、是非楽しんでみてください。

ACCESSORIES

［ アクセサリー ］

POINT
品がある服が多くなりやすいので、アクセサリーで少しアクセントを加えましょう。奇抜にする必要はありません。たとえば「一部分だけパール」「二連パール」など、少しカジュアルにするだけで十分です。

POINT
アクセサリー自体が上品で控えめなので、ブレスレットや指輪も足し算するように使っていきましょう。ネックレスとピアスを両方使っても顔周りがごちゃつく心配もありません。

NG 主張の強いアクセサリー

こちら以外にも、ポップなモチーフやヴィンテージアクセサリーは目立つので、ユリタイプのコーディネートを邪魔しかねません。

透明感を引き出すパールアクセサリー

品の良さを活かすファッションが似合うユリタイプですが、アクセサリー選びも同様です。パールのアクセサリーは上品で、ユリタイプの凛とした雰囲気にぴったり。白もユリタイプに似合いますし、透明感を引き立ててくれます。一連パールではなく、二連のものなど少しだけ特徴的なデザインを選ぶと、おしゃれに見えて普段使いしやすいでしょう。

TYPE/ **06 CAMELLIA**

ツバキタイプのワードローブ

アクセサリー
▷P145
ジャケット
▷P143
コート
▷P144
パンツ
▷P141
ワンピース
▷P142

T-SHIRT&CUTSEW

［ Tシャツ・カットソー ］

POINT

シンプルですが、後ろの裾が斜めになっているデザイン。ベースはシンプルながらも、さりげなく特徴的なデザインだと地味に見える心配もありません。服がシンプルなぶん、小物で華やかさを足すと洗練されて見えます。

POINT

光沢感がありつるんとした素材を着ると、柔らかい雰囲気に見えます。さらに、固くてハリのある生地よりも、動くとなびくような柔らかい生地がおすすめです。

NG 横広がりのカットソー

大きめの袖とフリルが横にふわっと広がるカットソーですが、生地がストンと落ちるシンプルなシルエットのほうが似合います。

シンプルな服をクールに着こなす

クールな印象のツバキタイプ。Tシャツ・カットソーもシンプルでクールな服が似合います。色も雰囲気に合わせて、黒やネイビー、ダークグレーやダークブラウン、カーキなど落ち着いたダークカラーが良いでしょう。明るくはっきりした色は、着るととても目立つので、パーティーや同窓会など華やかな場で楽しんでみてください。

BLOUSE&SHIRT

[ブラウス・シャツ]

POINT
装飾がなくシンプルなブラウスも、チュニック丈になるだけで存在感が出ます。それだけでおしゃれに見せられるのがツバキタイプの特長です。こちらはカーキですが、ネイビーや黒などのダークカラー全般が似合います。

POINT
ノースリーブのロング丈は、「I」のような縦長ラインをつくれます。すっきりした印象が引き立つのでツバキタイプにぴったり。反対に、横に広がるフレア袖などは可愛い印象が強く、顔の印象とちぐはぐになることも。

NG 固い素材のブラウス

こちらもロングブラウスですがハリのある固い素材です。生地が体に沿うような柔らかさがあるほうが、優しい印象を引き出せます。

表情豊かに見える柔らか素材

ブラウスやシャツも、Tシャツ・カットソーと同様に、光沢感があり柔らかい素材が似合います。サテンのような、かなり光沢感のある素材でも大丈夫。服が風を受けて柔らかく動いたり影ができたりすると、ツバキタイプのきりっとした表情が豊かに、そしてやわらいで見えるのです。

KNIT

［ ニット ］

POINT

ここでは鮮やかなグリーンのニットを選びました。肩のところに付いた飾りボタンが特徴的ですが、これがあることでカジュアルさがプラスされ、華やかなニットも着やすくなります。

POINT

ツバキタイプは、服の質の良し悪しが目立ちやすい顔立ち・雰囲気をしているので、質が良く見える服を選びましょう。ニットの場合、ハイゲージニットのほうがローゲージニットより上質に見えやすいのでおすすめです。

NG ローゲージのニット

ローゲージニットはチープに見えることも。着る場合、きちんと感がありセンタープレスの入ったパンツと合わせると良いでしょう。

鮮やかカラーで顔周りを明るく

ニットは、カットソーやブラウスと違って重くてボリューミーなので、ダークカラーにすると暗くて怖い印象になりがちです。そこで顔周りを明るく華やかにするために、鮮やかな色を選びましょう。ニットの場合も、さりげなく特徴的なデザインのものを選ぶととてもおしゃれに見えます。

SKIRT
［スカート］

POINT

タイトスカートはかっこよさがありますが、レース生地を選ぶとエレガントさも足すことができます。クールな顔立ちとの相性が良いので、ツバキタイプに特におすすめです。

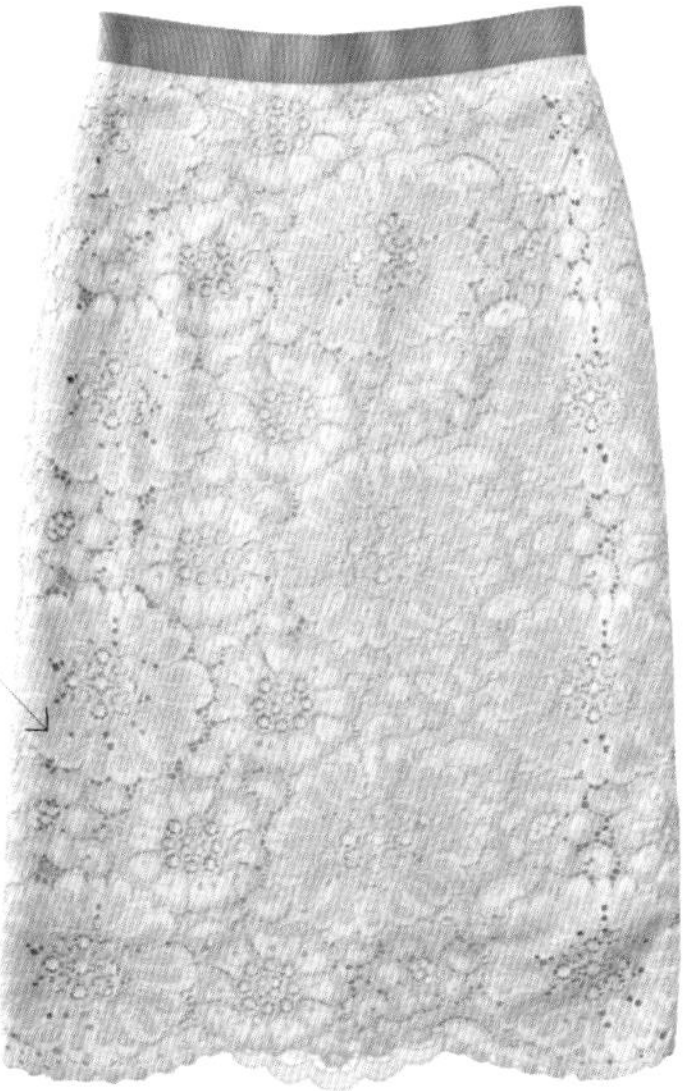

POINT

落ち着いた色の服と組み合わせると素敵です。単品では繊細なレースのスカートも、ツバキタイプがシンプルでかっこいい服と合わせて着るとほど良い存在感も生まれます。

NG カジュアル風フレアスカート

可愛いフレアスカートならレースのロング丈、カジュアルならミリタリースカート、とテイストを一方に寄せましょう。

細身のスカートでかっこよく

ツバキタイプに似合うスカートは、裾に向かって広がるシルエットではなく、細身でまっすぐなシルエットです。ペンシル型のロングスカートやタイトスカート、ハリがある生地のミリタリースカートを選べば間違いありません。自身のクールな雰囲気にもぴったりで、かっこよくてエレガント、あるいはかっこよくてカジュアルな着こなしができます。

DENIM
［デニム］

POINT

こちらは爽やかな水色のデニムです。カットソーやブラウスはダークカラーが多いので、淡くて爽やかな色のデニムでバランスをとりましょう。水色なら奇抜すぎず、普通のデニムと同じ感覚で使えます。

POINT

写真のデニムはスキニータイプですが、ワイドデニムでもスタイルよく見えます。反対に、ストレートデニムやボーイフレンドデニムなどはツバキタイプが着ると、野暮ったくなりがちです。

NG 足首のロールアップ

ツバキタイプはデニムのシルエットを活かすとスタイルの良さが際立ちますがロールアップをすると形が崩れてしまいます。

親しみやすさが出るカラーデニム

ツバキタイプにおすすめしたいのはカラーデニム。クールなツバキタイプがデニムを穿くと怖く見えることがありますが、カラーデニムにすると親しみやすさが出せます。着回しにくそうなイメージがあるかもしれませんが、選ぶ色次第でじつはいつものデニムと同じように着こなせるアイテムです。

PANTS

［パンツ］

POINT

レザーパンツはそれ自体がとても個性的かつエレガントなので、トップスはシンプルなニットやブラウスと合わせても華やかでおしゃれな印象になります。

POINT

服装規定のある会社では難しいかもしれませんが、じつはレザーパンツは仕事ファッションにも使えます。その場合、センタープレス入りで、細めのシルエットを選ぶと良いでしょう。

NG リネン素材のワイドパンツ

こちらはセンタープレス入りできりっと見えますが、センタープレスがなくより太いシルエットだとだらしなく見えるおそれも。

ツバキタイプこそレザーパンツを

そもそもツバキタイプは、どんなパンツを穿いても似合います。なかでもクールな服をかっこよく着こなせるツバキタイプだからこそ、似合うパンツがあります。それがレザーパンツ。クールかつツヤ感のある素材がツバキタイプにぴったりです。これまでレザーパンツを試したことのない方も、是非自信を持って試してみてください。

ONE PIECE

［ ワンピース ］

POINT
写真のようなビビッドカラーも、ミントグリーンなどの優しげな色も着こなせます。好みに合わせて明るい色を選びましょう。ビビッドカラーの場合は、体に沿うような柔らかい素材にするとバランスがとれます。

POINT
ビビッドカラーを着る場合は、体にピタッとフィットするボディコンシャスタイプ以外がおすすめ。写真のように全体的に少しゆとりがあると良いでしょう。フリルなどのデザインで十分エレガントに見えます。

NG 黒地の
ワンピース

暗い色だと怖い印象になり、細かい柄だと野暮ったく見えるおそれが。着るならレザージャケットや太いベルトを合わせましょう。

着るだけで華やかな鮮やかワンピース

ワンピースもニットと同様に、鮮やかな色のものを選びましょう。面積が大きいのでダークカラーにすると暗くて怖い印象になってしまいますが、鮮やかな色にするとそれだけで明るく華やかになります。さりげなく特徴的なデザインだと、単品で着てもおしゃれになるので、ベルト付きやフリル付きのものなどを探してみてください。

JACKET

［ ジャケット ］

POINT

こちらのジャケットは、ギャザーで立体感のあるデザインが特徴。華やかで柔らかい印象になります。光沢がある素材もツバキタイプ向きなので、袖だけレザー素材のジャケットなども似合います。

POINT

ウエスト部分が細くなっています。このカーブが優しい雰囲気をつくり、キツく怖く見えるのを防いでくれるのです。ノーカラージャケットも、首周りのラインがカーブするのでおすすめ。ブラウスと合わせると素敵です。

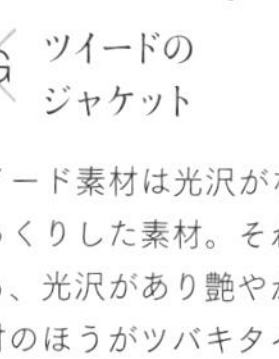

NG ツイードのジャケット

ツイード素材は光沢がなくざっくりした素材。それよりも、光沢があり艶やかな素材のほうがツバキタイプには似合います。

個性派デザインでクール＆華やか

ツバキタイプにおすすめのジャケットは、黒や紺、ダークグレーなどの落ち着いた色で、デザインが特徴的なもの。定番のテーラードジャケットはかっちりしているので、ツバキタイプが着るとキツく堅く見えることがあるからです。個性的なデザインを選べばクールかつ華やかな雰囲気になり、キツく見えるのを避けられます。

COAT
［コート］

POINT
こちらは黒・白・グレー基調の落ち着いた色みですが、華やかな色にしても似合います。どんな色でも大丈夫なので、手持ちの服に合うかどうかを基準に選びましょう。

POINT
チェックはおすすめの柄です。他に千鳥格子や幾何学模様も似合います。１４２ページで触れたように、細かい柄は野暮ったくなることもありますが、規則的な柄は美しい品の良さがあります。

NG 可愛い
もこもこコート

ツバキタイプの印象と遠いコートは、着るならクールなワイドパンツやデニムと。似合うジャンルと組み合わせるのがコツです。

親しみやすく上品な柄コートに挑戦

意外かもしれませんが、ツバキタイプには柄コートが良く似合います。コートは面積が大きくてボリュームがある服の一つ。せっかく他のコーディネートを頑張っても、黒・紺・グレーの無地ロングコートを羽織れば、それだけで暗く見えたり怖く見えたりするおそれがあるのです。是非柄コートの力を借りて、親しみやすさを引き出してください。

ACCESSORIES

［ アクセサリー ］

POINT
モチーフがたっぷり付いた重厚感のあるネックレスが、シンプルな服に味付けしてくれます。ピアスは優しい印象を足してくれる、丸くカーブした形が特徴的です。

POINT
比較的シンプルな服が似合うツバキタイプにはアクセサリーが必須です。手持ちの服と色みや柄を合わせたアクセサリーを持っておくと、コーディネートを決めるのがとてもラクになります。

NG 素朴なアクセサリー

写真のピアスのほかニットやウッドモチーフも、素朴さとハンドメイド感がありますが、ツバキタイプには少しインパクト不足です。

アクセサリーは インパクト勝負

ツバキタイプならではの特徴が、インパクトの大きいアクセサリー。落ち着いた色・柄の服に目をひくアクセサリーを合わせると、とても素敵です。元々落ち着いた声をしているうえに服もシンプルなものが多いので、顔周りにいくつかアクセサリーを取り入れても喧嘩しません。ネックレスやピアスの組み合わせも是非楽しんでください。

TYPE/ **07** LILY OF THE VALLEY

スズランタイプのワードローブ

アクセサリー
▷ P157

ジャケット
▷ P155

コート
▷ P156

パンツ
▷ P153

ワンピース
▷ P154

T-SHIRT&CUTSEW

［ Tシャツ・カットソー ］

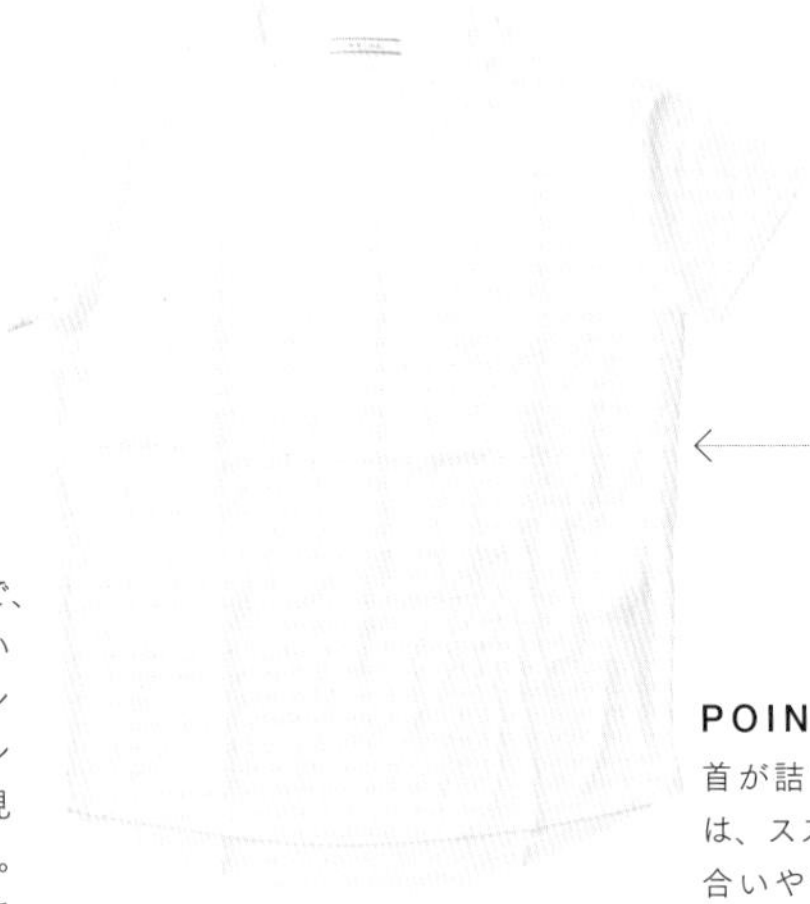

POINT

さっぱりした顔立ちで、色も柄も派手すぎないものが似合うスズランタイプ。ピンクやオレンジなど血色が良く見える色も重宝します。柄ものならボーダーよりも水玉や細いストライプのほうがエレガントな印象です。

POINT

首が詰まったTシャツは、スズランタイプに似合いやすいアイテムです。Vネックはシャープですっきりした印象になるので、さっぱりした顔立ちのスズランタイプが着ると寂しげに見えることもあります。

NG 盛りだくさんの装飾Tシャツ

フリルに柄にと装飾盛りだくさんですが、もう少し抑えましょう。シンプルなデザインにさりげない装飾がベストバランスです。

装飾のあるTシャツは1枚でおしゃれ

スズランタイプの繊細さに華やかさを足してくれるのが、装飾の付いたTシャツです。色も柄もシンプルなTシャツに華やかな装飾があると、エレガントかつカジュアルなので使いやすさも抜群。一枚でおしゃれになるので、手抜きに見えがちなカジュアルファッションのときには特に最適です。

BLOUSE&SHIRT

［ ブラウス・シャツ ］

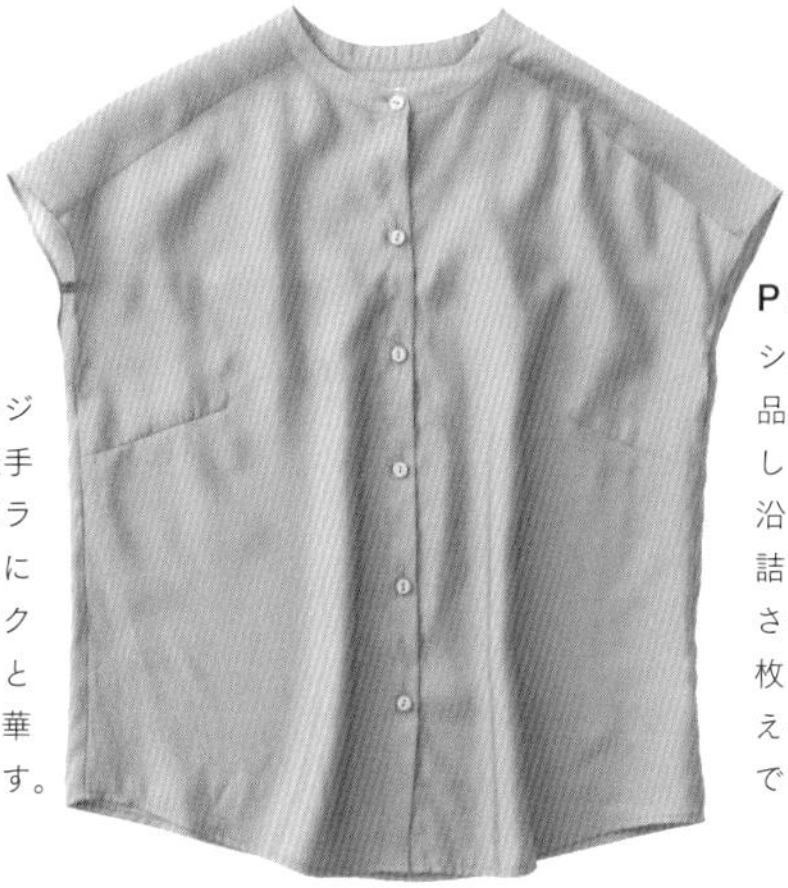

POINT

シャーベットオレンジは明るい色ですが派手ではないので、スズランタイプの雰囲気にぴったりです。ピンクやレモンイエローといった色も顔周りを華やかに見せてくれます。

POINT

シルエットと素材も上品さがあると良いでしょう。こちらは体に沿う柔らかい素材と、詰まった首元が品の良さを引き出します。1枚で品よく華やかに見えるので重宝する1着です。

NG 無彩色の柄ブラウス

黒と白より暖色、大花柄より無地のほうが、スズランタイプを明るく上品に見せてくれます。

表情を明るく見せる カラーブラウス

前ページのＴシャツは白地ですが、装飾のないブラウスやシャツは、色のあるものを選びましょう。スズランタイプは寂しそうな印象を与えることがありますが、暖色系のブラウスやシャツを着ることで、表情も明るく見えます。顔の血色も自然と良く見えるので、チークを頑張らなくてよくなるのもメリットの１つです。

KNIT
[ニット]

POINT

アンサンブルニットは品があるぶん、おとなしい印象になりがち。鮮やかな色で華やかさをプラスしましょう。ちなみにパープルは、上品・クール・エレガント・カジュアルと幅広く使える万能色です。

POINT

ブランドによって同じサイズでも大きさが異なります。自分に合うブランドを探してみましょう。カジュアルな着こなしのときはサイズを変えず、思い切ってローゲージニットを着ると良いでしょう。

NG コントラストの強いニット

コントラストの強い柄は、スズランタイプに似合う服と合わせにくいところがあります。

女性らしさが内からにじみ出るニット

装飾と肌見せのないニットが似合うのはスズランタイプならでは。なかでもおすすめは薄手のニットとカーディガンがセットになったアンサンブルタイプです。ダボッとすることもピタッとすることもなく、スタイルよく見せられます。内から女性らしさと品の良さがにじみ出るところもスズランタイプ向きです。

SKIRT
［スカート］

POINT
年齢が高く見えるのを防ぐにはきりっとした要素を入れると効果的。このスカートではストライプがその役目を果たしてくれています。少しシャープな要素を取り入れて凛とした雰囲気をつくりましょう。

POINT
膝下丈のフレアスカートやプリーツスカートは軽快で若々しい印象を与え、スズランタイプが寂しく見えるのを防ぎます。

NG 膝丈とデニムの組み合わせ

膝丈とデニム生地でカジュアルな印象の強い服。スズランタイプが着るならエレガントさも欲しいので、ロング丈が良いでしょう。

斜めストライプで若々しい印象に

細かい斜めストライプは、スズランタイプのコーディネートを引き締めてくれるうえに、若々しい印象にしてくれます。風になびくような軽やかな素材と、ベージュ系の優しげな色を選んでスズランタイプの雰囲気に合わせることも忘れずに。こうすることで、他の服とコーディネートしやすくなります。

DENIM
［デニム］

POINT

さわやかに穿きたいので裾をロールアップして穿いても良いでしょう。その点でダメージデニムはイメージと真逆ですが、ハイゲージニットなどとことん上品なトップスと合わせると穿きこなせます。

POINT

どんなトップスも合う白デニムですが、コントラストの強いコーディネートよりワントーンコーディネートがおすすめ。パステルカラーや明るいグレーなど淡いトーンでまとめるとおしゃれです。

白デニムで明るい着こなしを

涼やかなスズランタイプは、全身を淡い色合いで、明るくまとめるコーディネートが似合います。だから濃いインディゴデニムよりも、白デニムがおすすめ。凛とした印象も引き出してくれます。シルエットはスキニーデニムだとクールでカジュアルになるので、ストレートデニムを。ストレートデニムならスズランタイプの優しい雰囲気も活きます。

NG ボーイフレンドデニム

ゆったりしたシルエットはカジュアル感が強めです。穿くときはハイゲージニットなど上品なトップスを合わせましょう。

PANTS
［パンツ］

POINT
素材でアクティブさを出す場合、落ち着いた色でバランスを取ります。写真のようなグレーは、スズランタイプにぴったりです。無地がおすすめですが、柄パンツの場合は、水玉など主張を控えた柄にしましょう。

POINT
細かいひだが入っていると生地が揺れやすく、アクティブな印象に。なおスウェット生地は、アクティブさが出る一方、運動着に見えるおそれがあります。薄手で柔らかい素材のほうが、スズランタイプにはおすすめです。

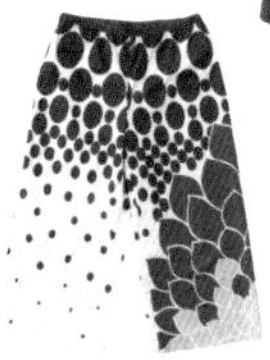

NG インパクト大の柄パンツ

個性を出すためでなく、コーディネートを引き締めるために柄を使うスズランタイプ。柄の主張を少し抑えると合わせやすくなります。

風でなびく素材でアクティブに！

柔らかい素材のパンツが、スズランタイプにはぴったりです。柔らかな様子は、スズランタイプの優しさを引き立ててくれます。さらに風で生地が揺れる動きは、アクティブな印象もプラスしてくれます。スズランタイプは大人しく見えがちなので、こういったアクティブに見せてくれる服を積極的に取り入れていきましょう。

ONE PIECE

［ ワンピース ］

POINT
トップス部分のフリルが上品な華やかさをつくってくれています。スカート部分はモーヴピンクというくすみがかったピンクで、こちらもきれいで上品な印象。似合うワンピースだからこそ全身華やかにまとめましょう。

POINT
コンパクトな丈とノースリーブが、若々しくエレガントな雰囲気を出してくれます。近場に着ていく普段着として着るなら、小花柄のロングワンピースもとてもよく似合うのでおすすめです。

NG ブラウンの
レザーワンピース

全身が濃い色のレザーだと服の主張が強いので、着るなら、ベージュやグレーなどの優しい色みを選んでください。

1着で主役になれる切り替えワンピース

基本的にどんなワンピースも似合うスズランタイプ。仕事着や休日のお出かけ着には1枚で主役になれる華やかなデザインのものを思い切って着てみてください。切り替えワンピースなら大柄や原色のワンピースより派手になる心配がなく、きりっと引き締まった印象にしてくれます。

JACKET
[ジャケット]

POINT
テーラードジャケットならではの男性的な襟は、かっこよさときりっとした印象をつくります。優しい印象のスズランタイプが着るとイメージチェンジできるので、着こなしの幅も広がります。

POINT
つるんとした素材はきちんと感を高めてくれます。ツイードやウールなど光沢のないものは優しい雰囲気になりますが、スズランタイプは、色も素材もかっちりしたジャケットを着てコーディネートを引き締めましょう。

NG ツイード素材のジャケット

スズランタイプに似合うのは、つるんとした光沢のあるジャケットです。また、ノーカラータイプは実年齢より高く見えることも。

黒やネイビーの定番ジャケット

これまでスズランタイプには、明るい色やきれいな色、華やかな色の服を取り入れることをおすすめしてきました。これらの服で優しい雰囲気は十分引き出せるので、ジャケットはあえて、黒や紺などのかっちりした色できちんと感を高めましょう。定番のテーラードタイプを選べば、元の優しい雰囲気に凛とした印象もプラスすることができます。

COAT

［コート］

POINT

肩章も肩パッドもなく体のラインに沿うシルエットが、こちらのトレンチコートの特徴です。着たときに肩やウエストが体に沿うラインのコートを選べば、華やかな色を選んでも、優しい印象を残すことができます。

POINT

オレンジ色のトレンチコート。黒のボタンも良いアクセントになっています。色は鮮やかでインパクトの強いものではなく、オレンジや水色やピンクなどのきれいな色を選ぶのが悪目立ちしないためのポイントです。

NG モコモコ素材のロングコート

スズランタイプの印象を打ち消すほど、モコモコ素材はインパクト大。華やかなデザインを着るときも、上品さは残しましょう。

面積の大きいコートこそきれいな色を

コートは面積が大きいぶん、黒やグレーといった色を選ぶと落ち着いた印象になります。スズランタイプが選ぶと地味に見える可能性もあるので、きれいな色のコートを選びましょう。体のラインに沿うシルエットのコートなら、スズランタイプの優しい雰囲気もしっかり残せます。

ACCESSORIES
[アクセサリー]

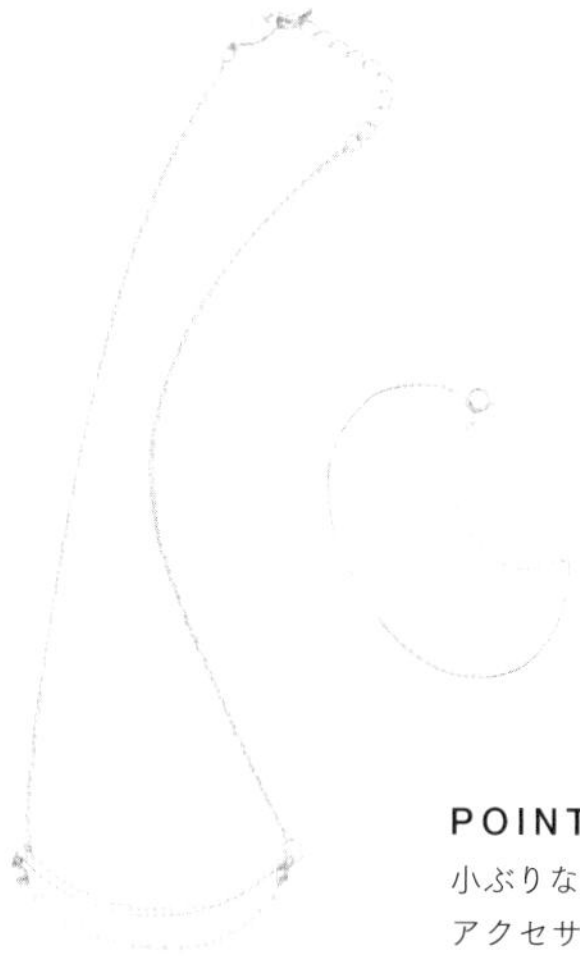

POINT

アクセサリーを複数つけるときは、写真のネックレスとブレスレットのように、素材・色みを合わせましょう。また金属素材は、ヘアアクセサリーや眼鏡も含めて顔周りに2つまでにすると悪目立ちしません。

POINT

小ぶりなアクセサリーや華奢なアクセサリーをつけましょう。写真のネックレスやブレスレットのように繊細かつおしゃれなデザインのアクセサリーは、儚い雰囲気のあるスズランタイプだからこそ似合います。

NG 主張の強いアクセサリー

アクセサリーも上品なものが似合うスズランタイプ。インパクトのあるモチーフは服や顔立ちとイメージがかけ離れてしまいます。

普段使いできるカジュアルパール

定番の一連パールネックレスや一粒パールピアスは既に持っている方もいることでしょう。買い足すなら少しカジュアルなパールアクセサリーがおすすめです。ゴールドやシルバーのチェーン、パールと異素材を組み合わせたモチーフなど、他の質感が入っているとカジュアルで普段使いもしやすくなります。

TYPE/ **08 VIOLET**

スミレタイプのワードローブ

アクセサリー
▷P169
ジャケット
▷P167
コート
▷P168
パンツ
▷P165
ワンピース
▷P166

T-SHIRT&CUTSEW

[Tシャツ・カットソー]

POINT

フレア袖や裾に入ったギャザーが特徴的なカットソー。着るとふんわりとしたシルエットで可愛らしい雰囲気になります。親しみやすさが出せるのでスミレタイプにぴったりです。

POINT

表情豊かに見えるので、鮮やかな色を選びましょう。なお白や黒も柄で取り入れれば、近寄りづらくなりません。ただ悪目立ちしないよう、華やかにするのは色か柄の一方のみにしましょう。

NG 軽い生地のTシャツ

どんなTシャツも似合いますが、しいて挙げるなら生地がテロンとしたもの。繊細な顔立ちなので厚い生地だとバランスがとれます。

個性派シルエットも自然に着こなせる

着こなすのが一見難しそうな、個性的な服も似合うのがスミレタイプの特長です。特徴的なデザインのTシャツやカットソーを選んでみてください。元々ミステリアスな雰囲気があり表情や気持ちが伝わりにくいこともあるので、鮮やかな色や可愛らしいデザインを取り入れて、親しみやすさを引き出しましょう。

BLOUSE&SHIRT

[ブラウス・シャツ]

POINT

柄もの初心者でも挑戦しやすい、黒と白の大花柄です。このような落ち着いた色やダークカラーも、ノースリーブなどで少し肌を見せたりアクセサリーをつけたりすれば、暗い雰囲気になりません。

POINT

こちらのブラウスには透け感がありますが、こういった素材もスミレタイプに似合います。スミレタイプが透け感のある素材を着るとモードな雰囲気になっておしゃれです。

NG 柔らか素材のきれいなブラウス

繊細な顔立ちに薄手生地だと印象が残らないことも。メイクを濃くしたり、目立つアクセサリーをつけたりしてみましょう。

目立つくらいがちょうどいい

目をひく柄ブラウスがスミレタイプにぴったり。「ちょっと派手かも」と思うデザインも、顔になじみちょうどいい華やかさで着こなせます。目立つデザインをまるで定番服のように着こなせるのがスミレタイプの特長なので、インパクトある柄にも挑戦してみてください。

KNIT

［ ニット ］

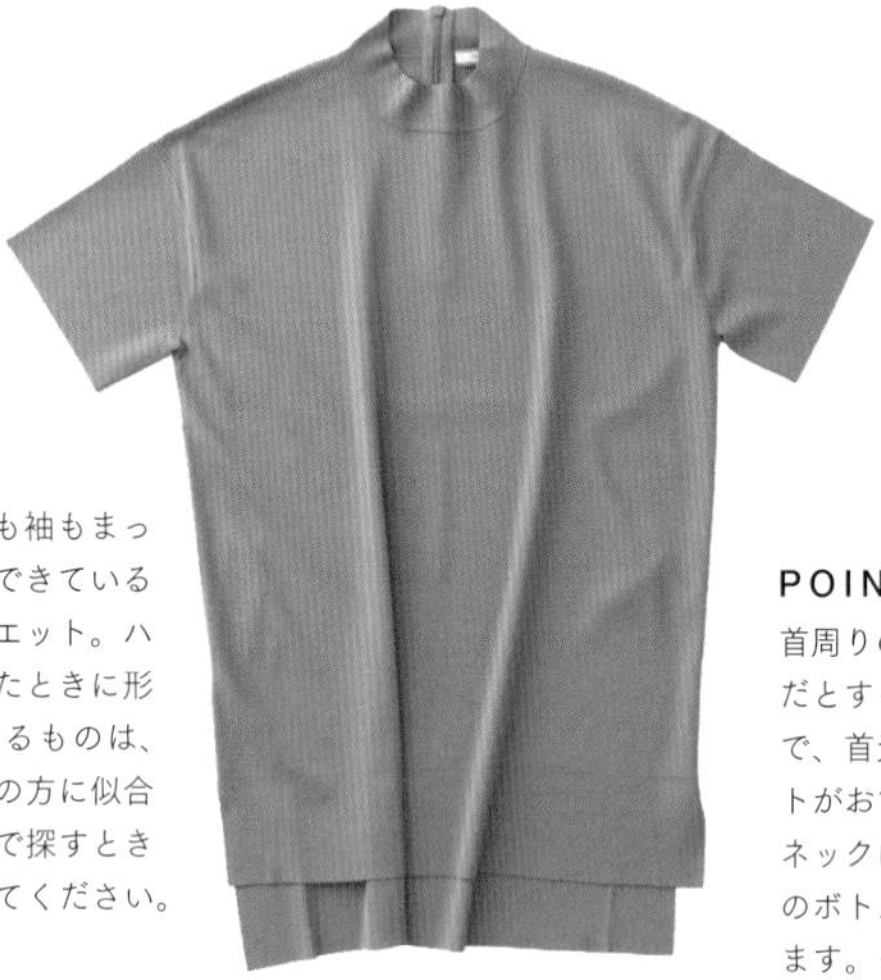

POINT

よく見ると、裾も袖もまっすぐなラインでできているこだわりのシルエット。ハンガーに吊るしたときに形がきれいに見えるものは、さまざまな体型の方に似合うことが多いので探すときの目安にしてみてください。

POINT

首周りの開いたトップスだとすっきりしすぎるので、首元が詰まったニットがおすすめ。タートルネックはもちろん、襟高のボトルネックも似合います。クラシックな印象できちんと感が出せるという効果も。

NG コントラストの強いニット

カラーニット自体は似合いますが、コントラストは控えめなほうがスミレタイプはおしゃれに見えます。

形のきれいなニットでさりげなくおしゃれに

カットソーやブラウスは鮮やかな色・柄ものをおすすめしましたが、ニットは色も柄も落ち着いたものにするのがポイントです。鮮やかさよりもきれいさで選びましょう。その代わりにこだわりたいのがシルエット。と言っても個性的なものではなく、よく見ると特徴的なシルエットを選べば地味すぎることも派手すぎることもありません。

SKIRT
［スカート］

POINT
写真のようなカーキや、ブラウンなどのアースカラーはかっこよさが引き立ちます。黒も似合いますが、全身黒にするとインパクトがかなり強くなります。黒スカートのときはトップスを違う色にしましょう。

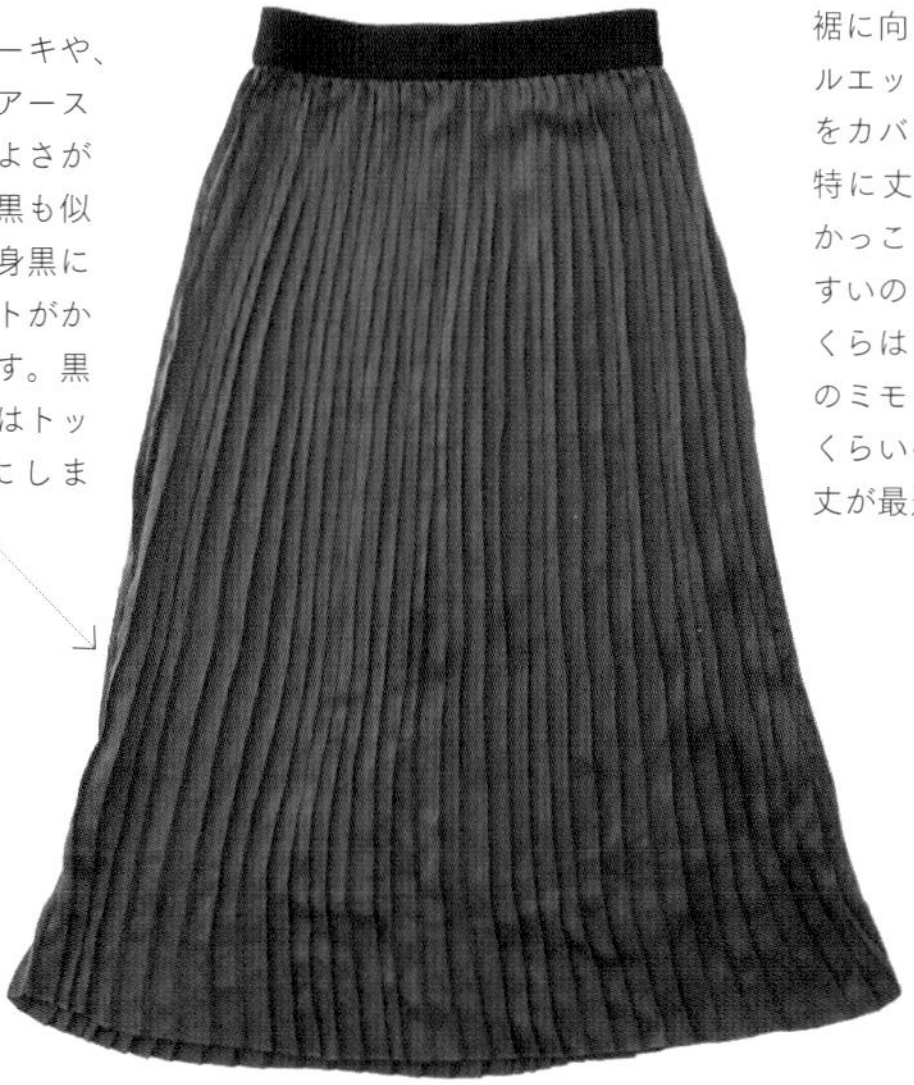

POINT
裾に向かって広がるシルエットが、線の細さをカバーしてくれます。特に丈の長いものが、かっこよく着こなしやすいのでおすすめ。ふくらはぎくらいの長さのミモレ丈やくるぶしくらいの長さのマキシ丈が最適です。

NG レースのタイトスカート

タイトスカートだと線の細さが強調され、繊細なイメージが強くなります。変形トップスと合わせるとスミレタイプに似合います。

プリーツの動きが表情豊かに見せてくれる

プリーツスカートは動きに合わせて大きく揺れるので、表情豊かに見せてくれます。表情が伝わりにくいスミレタイプにはまさにおすすめのスカートです。かっこいい色だとスミレタイプのかっこいい雰囲気になじみ特に似合います。コーディネートもかっこよくまとめて、元々の魅力的な雰囲気を最大限引き出しましょう。

DENIM
［デニム］

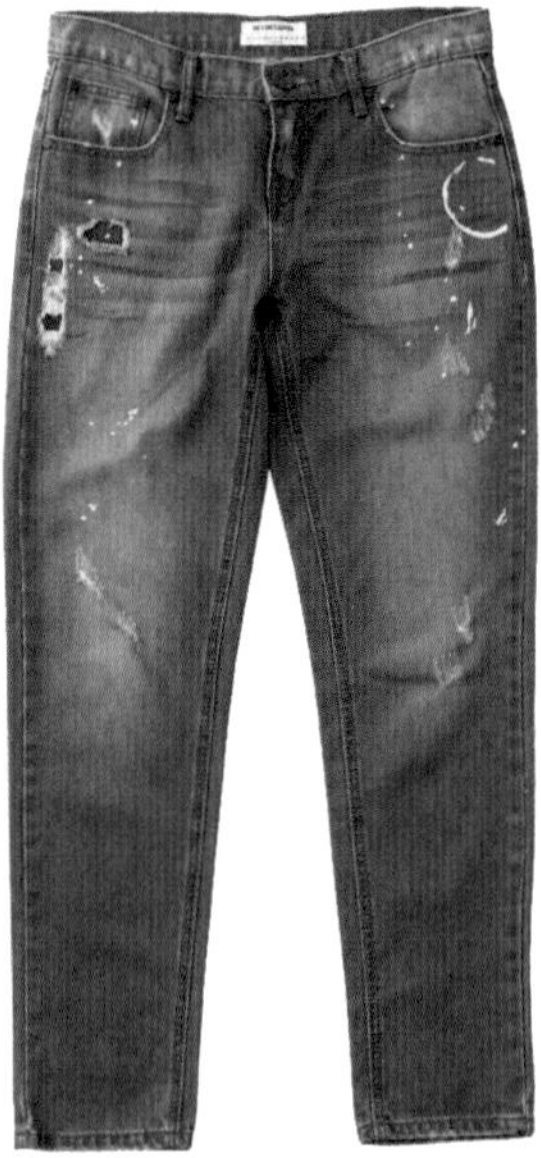

POINT
ダメージ加工の具合はデニムによってさまざま。大きく破れた加工のものもありますが、こちらのデニムのような加工であれば、大人でも抵抗感なく取り入れられます。

POINT
ダメージデニムを穿くときは、きれいめなトップスや小物を合わせましょう。ブラウスやミュールなどコーディネートを組むと、洗練された大人のデニムスタイルに仕上がります。

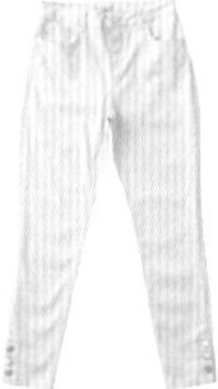

NG カラーデニム

スミレタイプはそもそもデニム生地がとても似合うので、あえてカラーデニムにするよりデニムをそのまま履くほうがおすすめです。

ダメージデニムで
クールさを強調

デニム自体が元々似合うスミレタイプですが、なかでもおすすめなのはダメージデニム。シンプルな未加工デニムより個性が出せるうえに、クールさを強調できるからです。ダメージ加工が良いアクセントになり、表情豊かに見せられるというメリットもあります。

PANTS
［ パンツ ］

POINT
リゾート風コーディネートではなく、普段街中で着るコーディネートでまとめるのがおすすめです。ダボッとしたTシャツではなく、ハリがある素材でシルエットのきれいなカットソーなどと合わせましょう。

POINT
個性的な服が似合うスミレタイプですが、鮮やかな多色の大柄はボトムスで取り入れましょう。トップスに持ってくると目立ちやすいので、コーディネートがごちゃごちゃして見えるおそれがあります。

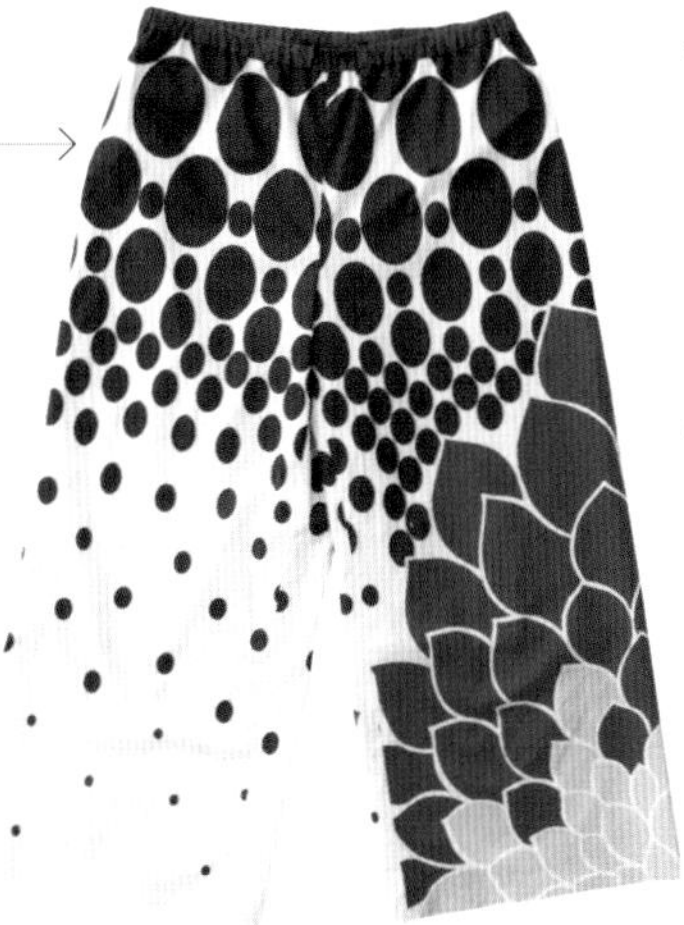

NG ゆったりしたワイドパンツ

リゾート着のようにゆったりしていますが、ハリがある固めの生地だとよりきれい。どんなパンツもきれいに履くと似合います。

大柄のパンツをきれいに着こなして

是非試してほしいのは大柄のパンツです。スミレタイプはエキゾチックな雰囲気もあるので、一般的に着こなしの難易度が高い柄パンツでさえも穿きこなせてしまいます。柄パンツコーディネートのポイントは全身を派手にしないこと。きれいめな服と合わせると大人のおしゃれな着こなしができます。

ONE PIECE

［ワンピース］

POINT

レザーワンピース以外でも、ふわっと広がるシルエットやロング丈など個性的なデザインのものを楽しんでください。裾がアシンメトリーのワンピースなども、おしゃれに着こなせます。

POINT

写真のように細いベルトを合わせるときちんと感が出ますが、ベルトなしでそのままダボッと着るとカジュアルなイメージに様変わりします。どちらの着方もスミレタイプに似合います。

NG エレガントなワンピース

スミレタイプが着るなら、レザージャケットやチャーム付きのパールアクセサリーでかっこよさと個性を加えましょう。

レザーワンピースはオンもオフも活躍

レザー生地のワンピースは個性的でインパクトが強いからこそおすすめです。全身をインパクトの強い素材でまとめても、難なく着こなせてしまうのはスミレタイプならでは。じつは着こなし方によって、きちんとファッションにもカジュアルファッションにもなるところもうれしいポイントです。

JACKET

［ ジャケット ］

POINT

シルエットで個性を出すので、色みは抑えてバランスをとりましょう。黒や紺などの落ち着いた色ならスミレタイプのクールな雰囲気にもぴったりですし、他の服とも合わせやすいでしょう。

POINT

ショート丈よりは腰丈のほうが似合います。ロング丈もクールな雰囲気が出せるのでスミレタイプにおすすめ。ジャケットは長めの丈を選んでおけば間違いありません。

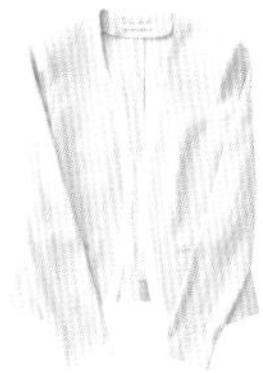

NG きれいなジャケット

きれいなジャケットは女性らしい着こなしよりもクールな着こなしが似合います。スカートの代わりにパンツを合わせましょう。

可愛さと個性を秘める変形ジャケット

スミレタイプの顔立ちに合うのは、よく見ると個性的なデザインのジャケットです。ここでご紹介するジャケットも、ぱっと見は定番のシルエットですがじつはマントタイプで、中に着ているトップスの袖が覗きます。このような、親しみやすくて可愛らしさもあるジャケットを見つけてみてください。

COAT

［ コート ］

POINT

定番のトレンチコートも、マントタイプだと一気に個性的で可愛らしい印象に。とても目を引くので、ヘアメイク、特にメイクを頑張ると顔とコートのバランスがとれます。

POINT

ウールやカシミアの上品なコートを着るときも、ユニークさを取り入れましょう。大きい襟やゆったりした袖など、襟・袖・丈のどこか一部分のデザインを特徴的にするだけでも印象はがらりと変えられます。

NG コンサバコート

コンサバコートも、スミレタイプのクールさが引き立つ着こなしを。パンツを合わせてかっこよく着るとよく似合います。

ひとクセコートを着ても奇抜にならない

ジャケットと同様、コートも変形デザインがよく似合います。ポンチョコートやマントコートなどとにかく個性的なデザインのコートを選びましょう。特徴的なものを着ても奇抜にならず、「おしゃれな服を自然に着こなせる人」に見えるのはスミレタイプの長所の１つです。

ACCESSORIES

［ アクセサリー ］

POINT

金属の分量が多めでハードな雰囲気のピアスとネックレス。ニットなどの服は優しい配色でソフトな印象のものをピックアップしたので、アクセサリーでハードさを足します。

POINT

ハードなアクセサリーでなくてもかまいませんが、セレクトショップなどで、こだわったアクセサリーを１つ選んで持っておくのがおすすめ。スミレタイプが身につけると、とても素敵に見えます。

NG 可愛らしくて上品なパール

可愛いアクセサリーは似合いにくいですが、それ以外であればどんなテイストでも大丈夫です。自分の好みやコーディネートに合わせてピックアップしてください。

大事なのは雰囲気、個性派でも大丈夫！

お守り代わり、旅先で購入、親から譲り受けた……といった、雰囲気あふれるアクセサリーが似合うスミレタイプ。こだわりのアクセサリーが並ぶセレクトショップなどで、お気に入りを１つ見つけてみてください。１つ身につけるだけでコーディネートが格上げされます。

Makiko's voice

ここでお伝えしてきたのは
似合う服を選ぶためのヒント。
あなたに似合う服は世の中にたくさんあります。
ヒントをもとに、
ピンとくる服を見つけてみませんか。

Lesson.4

「好きだけど似合わない」服も似合わせるテクニック

TYPE/ 01 GERBERA

ガーベラタイプが似合わない服を着こなす方法

ガーベラタイプが似合わない服にチャレンジするときは、すっきりと着ることを意識してみてください。**ガーベラタイプは顔が華やかなので、色や柄や形は抑えてすっきりまとめると、元々もつ雰囲気とバランスがとれるからです。**

たとえば、甘い印象の可愛らしいコーディネートをするなら、髪をまとめたり、きりっとしたメイクをしたりすると顔周りをすっきりさせることができます。コーディネートに関しては、全身を甘いイメージで固めるのではなく、どこか一部分だけでかまわないので、クールな印象のアイテムを入れてみてください。服全体のバランスがよくなり、甘い服がぐっと似合うようになります。反対にかっこいいイメージのコーディネートをするなら、優しさを取り入れましょう。グレーやベージュなどの優しい淡色でまとめたトーンコーディネートなら、かっこいい印象なのにやりすぎ感はありません。

体のラインが出るワンピースなどのエレガントな服を着るときは「きちんと感」がキーワードです。ひざが隠れる程度の丈など「きちんとした印象」になるようにするとガーベラタイプによく似合います。個性的な印象にしたいときは、アクセサリーで個性を取り入れましょう。個性が強すぎる服を持ってくるとガーベラタイプの華やかさと喧嘩するおそれがありますが、アクセサリーならばその心配がありません。主役となるアクセサリーが目立つように服を選ぶと、おしゃれな仕上がりになります。

コーディネート例

バラタイプが
似合わない服を着こなす方法

かっこいい雰囲気で「できる人」感があふれるバラタイプ。その良さを活かした洗練ファッションが似合うことはご説明した通りです。**そんなイメージと真逆とも言える可愛らしい服を似合わせるポイントがあります。それは色で可愛らしさを取り入れること。**ひと言で可愛らしさと言っても、素材・形・色・柄など可愛らしさを表現する要素はたくさんありますよね。バラタイプの方には、形はきれいさを重視して選び、色とアクセサリーで可愛らしさを取り入れていただきたいのです。色やアクセサリーで取り入れれば、バラタイプの都会的な雰囲気を残しつつ可愛らしさを出せるからです。

同様に、クールな服を着るときも色が重要。色数を減らしてコーディネートを組んでみてください。色数が多いとインパクトが強くなって怖いイメージを与えるおそれがあるからです。1～2色でコーディネートをまとめて、シルバーやゴールドのバングル・ピアスと合わせるとクールに仕上がります。エレガントな服を着るときも、怖い印象にならないように優しさを入れてみてください。この場合は色にこだわらなくても大丈夫。たとえば風でふわっと動く素材のブラウスと、パンツのセットアップを着るとおしゃれです。

ちなみに「もっと個性を出したい」という方は遠慮せず、アクセサリーやバッグ、靴も人と被らないデザインを選んでオリジナリティーを出していきましょう。個性的なデザインが似合うのはバラタイプの最高の特権です。

コーディネート例

TYPE/ 03 CHERRY BLOSSOMS

サクラタイプが似合わない服を着こなす方法

サクラタイプは可愛いファッションよりもエレガントなファッションが似合うタイプ。可愛いイメージでまとめたいときは、色を明るくしたり華やかな柄を選んだりしてください。サクラタイプなら「ちょっと可愛すぎるかな」と思うくらいで大丈夫。躊躇《ちゅうちょ》することなく「グレーよりもピンク」「無地よりも小花柄」を選びましょう。

クールなファッションはかけ離れたイメージがあるかもしれませんが、案外簡単に似合わせることができます。意識するのは「肌見せ」と「色」だけ。先ほど、可愛い服を着るときは色を明るくと書きました。反対に、色を抑えて、肌見せをするとたちまちクールになります。しかし大人なので品のない肌見せは避けたいもの。足首丈のマキシスカートをふくらはぎ丈のミモレスカートに変えたり首の詰まったニットをボートネックに変えたりするだけで十分スタイリッシュです。さらにワイルドな印象のアクセサリーを足せば完璧。スミレタイプにおすすめしたような個性的なアクセサリーを取り入れましょう。

ただ、顔立ちが清楚な雰囲気のため個性的な服はなじみにくいところがあります。思い切って髪をすべてきっちりまとめたり、片側だけ耳にかけるボブスタイルにしたりすると個性的な服が似合いやすくなります。面倒かもしれませんが、それくらい美しく服を着こなせるのはサクラタイプの長所。その個性を活かしながら、好きな服を楽しんで着こなしてください。

コーディネート例

TYPE/ **04** MARGARET

マーガレットタイプが似合わない服を着こなす方法

落ち着いた雰囲気があり、カジュアルな服が似合うマーガレットタイプ。一般的にカジュアル服は手抜きしたように見えやすいため、着こなしに悩む方も多いもの。にもかかわらず、おしゃれに着こなせるのはマーガレットタイプの長所と言えるでしょう。

しかし落ち着いたイメージが強いので、服によっては大胆にイメージチェンジする必要があります。たとえば可愛いイメージに仕上げたいときは、色や柄を明るくしたりスカート丈をいつもより短めにしたりして、活動的なイメージを強めましょう。個性的なファッションをするときも同じ理由で、いつもより形や柄が特徴的な服を取り入れてください。3章で紹介したリネンのパンツをスリット入りや柄ものにするなどのひと工夫で、コーディネート全体の印象を変えられます。

また、服によってはマーガレットタイプお得意の素材を使わないほうが合うケースも。それがエレガントな服とかっこいい服。どちらも素材だけを変えれば充分なので、服の形はいつも通りタイトだったりウエストにアクセントがあったりしてすっきりしたものを選んでください。エレガントファッションならシルク風、かっこいいファッションならレザー風など光沢のある素材がおすすめです。高級感のあるアクセサリーをつければコーディネートも締まります。

コーディネート例

TYPE/ **05** LILY

ユリタイプが似合わない服を着こなす方法

凛とした雰囲気で、品の良さがあふれるユリタイプ。2章で、品のあるアイテムに柄や色を入れると良いとお伝えしましたが、この小技は、似合う服以外を着るときにとても効果的。特に可愛いファッションを着るときは、少し派手かなというくらいの柄ものを1アイテム取り入れてみてください。凛として見えやすいユリタイプは、多少柄をきかせてエネルギッシュさを出したほうが、可愛いファッションが似合いやすくなります。

エレガントファッションの場合は「今どき感」のある柄を足すと良いでしょう。クラシックな印象のユリタイプが柄を取り入れると、ちょうど良い華やかさも出せます。元々、長く着られるクラシックな服が似合うぶん、柄ものだけでも流行りを取り入れてみてください。**たとえば花柄でも、手描き風の柄、びっしり詰まった柄など、その時々の流行りは違います。**街なかで人の服を見る、SNSをチェックするなどやりやすい方法でアンテナをはってみてください。

個性的ファッションなら2〜3章でお伝えした服をトップスかボトムス一方で身につけて、もう一方はダボッとした形の服など個性的な服にするだけで雰囲気は変わります。かっこいいファッションの場合は小物をクールなものにするだけで大丈夫。ヒールのある靴や、小ぶりの黒いチェーンバッグ、シルバーや石を使ったアクセサリーを一気に投入してみてください。

コーディネート例

TYPE/ **06 CAMELLIA**

ツバキタイプが似合わない服を着こなす方法

クールなツバキタイプは、じつはどんなジャンルの服も似合わせやすいカメレオンタイプとも言えます。たとえばエレガントなファッションをするときは、似合う服をベースに、色のあるトップスで彩りを添えるとより一層エレガントになれるのです。

個性的なファッションを似合わせるのもとても簡単。2〜3章で紹介した似合う服で、少し個性的な形のものを選ぶだけです。たとえばタイトレーススカートを着るなら、裾がフレアになったものを選ぶのも良いでしょう。ワンピースなら、カシュクールになっていたりスカートの後ろ部分だけ丈が長いフィッシュテールタイプも良いでしょう。アクセサリーも1〜2点に絞らず、ネックレス・ピアス・ブレスレット・リングなどたくさん使ってください。

可愛らしいファッションもトップスに可愛らしい柄を入れるだけで簡単に着こなせます。水玉や小花柄などが良いでしょう。トップスを可愛くするとクールな印象が抑えられます。デニム素材のシャツやジャケットなどもおすすめ。カジュアルなイメージのデニムアイテムとツバキタイプの凛とした印象が中和されると、親しみやすく可愛らしい雰囲気が出てくるのです。

ちなみに、もっとかっこいいファッションがしたいという方におすすめなのは、革やナイロン、サテンやベロアなどツヤのある生地でできたバッグと、細いヒールのパンプス。この2つがキラキラ感を足してくれてクールな印象が強まります。

コーディネート例

TYPE/ **07** LILY OF THE VALLEY

スズランタイプが似合わない服を着こなす方法

優しい印象のスズランタイプは、似合う服をそのまま着るだけでエレガントファッションが完成します。

可愛いファッションを似合わせるのも簡単です。キーワードは「ざっくり感」と「カラフル」。少しダボッとしたサイズのニットや、腕部分がゆったりしたドルマン袖のトップス、ニットやツイード素材のスカートなど「ざっくり感」を取り入れると親しみやすく可愛らしい雰囲気になります。ざっくり感を入れるのが難しければ、服の柄や色をカラフルにすればOK。白・黒・グレー・ベージュの服を色ものにするだけで可愛い着こなしになります。

ただ優しいオーラがあり、かっこいいファッションや個性的ファッションが似合わせにくいので服だけでなく、メイクやヘアスタイルも変えましょう。そのぶん着こなせるとガラッと見違えます。かっこいいファッションをするなら、まずボトムスをかっこいいデザインのものに。スリット入りやエナメル素材、裾にジップが付いたものなど好みのデザインでかまいません。そのうえでメイクの色を抑えてみてください。ベージュ系のチークやリップ、ブラウン系やグレー系のアイシャドウを使ったメイクで、クールなボトムスを穿くとたちまちクールにイメージチェンジできます。
個性的な印象にしたい場合に変えてほしいのはヘアスタイル。髪をすべてきっちりまとめたり、片側だけ耳にかけるボブスタイルにしたりすると個性的な服が似合いやすくなります。

コーディネート例

TYPE/ **08 VIOLET**

スミレタイプが
似合わない服を着こなす方法

スミレタイプは、ほんのひと工夫するだけで幅広いジャンルの服が着こなせます。そのひと工夫のしかたをご紹介していきましょう。

まずは可愛い服を着るとき。この場合、ボトムスはカジュアルでトップスはカラフルにすると簡単です。ワンピースならふわっと広がるシルエットのものだと可愛く、スミレタイプによく似合います。

エレガントな服の場合は、柔らかく滑らかな素材で、着たときに生地がストンと下に落ちるワンピースがいちばんおすすめ。ただ、落ち感があるだけでは華やかさがもの足りません。ドレープがあるものなど、シルエットが特徴的なワンピースを選びましょう。色はグレーやネイビーといったシックな色を組み合わせるか、ワインレッドのような上品な美しい色を使うとエレガントさをまとえます。

かっこいい雰囲気で仕上げたいときは、クールな色とクールな素材を掛け合わせましょう。3章で取り上げた黒花柄のブラウスを使うなら、レザー風のパンツを合わせるといった具合です。黒やグレー、ネイビーで柔らかい素材のワイドパンツも黒花柄ブラウスによく合い、持っておくと活躍してくれます。靴はつま先のとがったポインテッドトゥパンプスなら間違いありません。

このようにイメージチェンジしやすいスミレタイプ。是非臆せずいろいろなファッションに挑戦し、好みのスタイルを見つけていってください。

コーディネート例

Makiko's voice

似合わないからと諦めてきた服にも
是非チャレンジしてみてください。
着たい服を着こなしている人は、
みなさんイキイキとしていて本当に素敵です。
そんな素敵な着こなしは
あなたにきっと自信をくれます。

Lesson. 5

服を選ぶのが楽しくなる７つのアドバイス

1 着たい服がない人は2月と9月にハイブランド店に入ってみる

「何を着たら良いかわかりません」。これはお客様からよく言われる言葉です。「しばらく服に時間もお金も割けず、ファッションに疎くなった」という方や「若いころ着ていた服が似合わなくなってきた」という方の場合は、本書を参考に似合う服を着るところから始めてください。だんだん服選びが楽しくなってきて、着たい服が増えてきます。

それでも何を着たら良いかわからない場合は「今どんな服をどう着たら良いのかをわかっていない」可能性が大です。その場合は、2月と9月に百貨店のハイブランドフロアを見てみましょう。もちろん値段がかなり張りますので買わなくても問題ありません。**目的は、服の着方や合わせ方の「トレンド」を把握すること。**トレンドが変わると店に並ぶ服やコーディネートもがらっと変わりますが、その変化がいちばん早く現れるのが、2月と9月のハイブランドショップです。**つまり、このとき店頭に並ぶ服が、春夏あるいは秋冬の間、本格的に流行すると言えます。**もちろんトレンド服を着ればいいわけではありませんが、コーディネートにはある程度アップデートが必要です。

とはいえ、むやみにトレンドを取り入れると若作りしていると思われるおそれもあるので、取り入れる要素や手持ち服に合うものを慎重に選んでほしいもの。

そこで必要なのが軽い下調べ、つまりハイブランドショップのチェックです。その後、予算の範囲内で条件に当てはまる服を探せばよいのです。

私もお客様に対してやみくもに服を選んでいるのではありません。シーズンが始まる前に品定めをし、さらに膨大な量の服をリサーチしています。このリサーチなくして、ベストなスタイリングはできません。

2
普段選ばないサイズを試着すると、しっくりくる服に出会える

サイズ選びを間違えて、実際より大きい服を着ている方が大勢います。しかも間違えているという自覚はなく「私は体が大きいから」と、自らそのサイズを選んでいるのです。

私は採寸しなくてもその方に合う号数がわかるので、正しいサイズをお伝えするのですが、**みなさん「そんな小さいサイズは入りません」と拒否します。しかし、なんとか試着してもらうとすんなり入るのです。**

ここまでしてジャストサイズの服を着てほしいのは、サイズがぴったりだと体のラインがきれいに見えるから。「着るとしっくりきて出番の多い服」はありませんか。そういった服はサイズがぴったり合っている服なのです。

反対にサイズが合わないとだらしなく見えて、タンスの肥やしになりがち。特にＴシャツやニット、デニムなどのベーシック服ほど、ジャストサイズを着ると美しさが際立ちます。これらは、どんな服とも合わせやすく出番も多いので、納得いくまでシビアに選んでください。

スタイリストなしでも、自力でぴったりのサイズを選ぶ方法があるのでご安心を。１つは定番ですが、２つのサイズを試着してみること。９号を着ている方でも７号を試してみる、いつものＬサイズに加えてＭサイズも試着する……。そうやって試してみると、思っていなかったサイズがぴったりだった、ということは珍しくありません。２つ目は自分に合うサイズのブランドを見つけること。たとえば同じ９号でも、ブランドのターゲットによってサイズは違います。試着したりブランドのホームページを見たりして、肩・二の腕・背中・バスト・ウエスト・ヒップ・太もも・ふくらはぎのサイズをチェックしてみましょう。自分より上の世代向けのブランドを、いつもより１サイズ下げて着るとぴったりな可能性もおおいにあります。こうしたブランドを見つけておくと服選びは驚くほどラクになりますよ。

3 家で着ると似合わないを防ぐには、いつもの靴を履いて試着する

試着室で試したときはとても素敵に見えたのに、家で着てみたらなんだかバランスが悪くて似合わない気がする……。誰しも一度は経験があるのではないでしょうか。この現象を引き起こす原因は、試着室の靴にあります。試着後に店員さんがヒールパンプスを貸してくれるはずです。そのヒールの高

さは5~6センチほどのことが多く、履くと服まできれいに見えます。しかし、5~6センチのヒールを頻繁に履くとは限りませんよね。いつもフラットシューズを履く方も多いですし、毎日7センチ以上のヒールを履くという方もいます。**これらの靴を履いたときと、5~6センチのヒールを履いたときでは見え方に明らかな違いが出るのです。**ですから買い物に行くときは、そのシーズンでいちばん使いたい靴を履いて行きましょう。

できたら靴以外にアクセサリーやヘアメイクもいつもの格好で行くのをおすすめします。たとえば仕事服を休日に買いに行くなら仕事用のヘアメイクとアクセサリーにする、反対に仕事帰りに休日服を買いに行くなら休日によく使うアクセサリーを持ってオフの日用の髪型に変えてから服を見る、といった具合です。荷物も増えるし手間に感じるかもしれませんが、そうしないと似合うものがまるで変わってきます。是非試してみてください。

ちなみにパンツやスカートの丈調整をするときも同様です。履く靴によって、着たときのバランスが大きく変わってしまいます。ですから、その服と合わせたい靴を履きながらどの丈にするかを決めれば失敗しません。

4
全身鏡をまっすぐに立てかけると コーディネートがびしっと決まる

コーディネートに自信がない方は、まず自宅の全身鏡を見直しましょう。全身のバランスを客観的にチェックすることが、コーディネートを格上げするための第一歩。そのために欠かせないのが全身鏡です。自宅にない方は安いもので構わないので、まず全身鏡を手に入れることから始めてください。しかし、ただ全身鏡をチェックすればいいわけではありません。全身のバランスを正しく把握するにはいくつかのコツがあります。

まずは鏡がまっすぐ立てかけられていること。斜めに置いている方は案外多いのですが、鏡面が斜めになっていると体型が変わって見えます。斜めに立てかけている場合は壁に取り付け直すなど、まっすぐ立てかけられる場所を探してみてください。

2つ目は、頭から足先まできちんと映りきる位置で確認すること。「全身のバランス」には靴やバッグ、アクセサリーやストールも影響します。バッグが小さすぎたりストールが短すぎたりしてバランスが崩れる、というケースも珍しくありません。**トップスとボトムスの組み合わせだけを確認する方が多いのですが、靴を履きバッグを持ちアクセサリーをつけた状態で鏡を見てください。**靴を履いて乗れるように床用の敷物を持っておくと便利です。わざわざ準備するのが大変なら、古い新聞紙を敷物代わりにしてもいいでしょう。

余談ですが、お店の全身鏡を見るときは慎重に。お店によっては、体型が細く見える鏡を置いていることもあります。その鏡だけを信用して服を買うと、いざ家で着たときに「なんだかバランスが悪い」となりかねません。自宅の鏡に映る自分も思い浮かべながら買い物の失敗を防ぎましょう。

5

掘り出しものに出会うコツは店奥のラックを見ること

素材や形など、ディティールが特徴的な服を、本書で何度かおすすめしてきました。こうした服は「掘り出しもの」と呼ばれるものに多く、細部までデザインが凝っているうえに人とも被りにくいというメリットが。すると服への愛着が強くなり、服選びも楽しくなります。

そんな掘り出しものに出会う確率を、ぐっと上げる方法があります。それはブランドの定番商品以外に目を向けること。多くの方は大きく展開されている売れ筋アイテムや定番商品に目が行きがちですが、掘り出しものは店のラックにひっそりと並んでいるのです。定番商品や季節のメインアイテムはいわゆる売れ筋アイテムになっていることが多く、生産量も入荷量も豊富。多くの方が探しているアイテムでもあるので、ショップ内のマネキンもよく着ています。**一方で掘り出しものは、特徴的なぶん商品数は少なめ。そのためマネキンに着せることができないのです。**だから奥のラックにも目を向けてみてください。デザイナーの遊び心あふれるこだわりの服がきっと潜んでいるはずです。

「ハイブランドじゃないとそんなに凝ったデザインの服はないんじゃない？」と疑問の声が聞こえてきそうですが、そんなことはありません。手頃な価格帯のブランドでもこだわりぬかれたデザインの服が売られています。言い換えれば選び方次第で、ハイブランドに行かなくても、人よりおしゃれな服が手に入るということ。是非心から気に入る服を探し出してみてください。冒険アイテム初心者なら、トップスから始めてみましょう。できるだけ細身でシンプルなボトムスを合わせるだけで大丈夫。始めやすいところから徐々にいろいろな服に挑戦してみましょう。

6 良いものを着ることとおしゃれはまったくの別もの

老舗ブランドの服、質の良い服、ハイブランドの服……。こうした「良いもの」を着ることがおしゃれ、と考えている方も少なくありません。残念ながら良い服を着ることと、おしゃれはまったくの別ものです。「良い服」を身につけているのに野暮ったい着こなしをしている、もったいない方だってたくさんいます。

　本書を通してお伝えしてきた通り、おしゃれに大切なのは、自分を把握することです。顔立ち・声・体型を客観的に把握し、自分の印象をコントロールして、見せたい自分を表現する。これが真の「おしゃれ」であり、自分らしい服の着こなしと言えるのです。

　もちろん高価な服には、値段に比例した良さがあります。しかし合わせ方、着こなし方は人によって違うのです。だから良いものを着るだけでおしゃれになれるとは限りません。言い換えれば、予算が低くてもおしゃれは十分に楽しめるということ。「あのブランドは買えないから無理」「近所にはファッションビルがないからおしゃれができない」と諦めず、おしゃれを楽しんでみてください。そのために本書のノウハウを活用していただけたらとてもうれしく思います。もちろん自分で考えたり選んだりするのが大変という方は、パーソナルスタイリストに頼るのもいいでしょう。値段、時間、労力……おしゃれに必要と思われがちな要素ですが、どれも無理する必要はありません。人生を楽しむためのおしゃれですから、無理せずに楽しんでください。

7 いつの日かセンスは絶対ついてくる

断言しましょう。センスは磨くことができます。

私はキャビンアテンダントからの転身でこの仕事をスタートしました。ファッションの勉強中、「センスは生まれ持ったものだ」「センスのある人が羨ましい」と思ったこともたしかにあります。

でも私がスタイリストになり、今まで仕事を続けてこられたのは、たくさんの服やコーディネートを見て合う服を考え探し出す訓練をするなかで、センスが研ぎ澄まされ、自分のつくるコーディネートに自信を持てるようになったからです。

なかでも効果があったのは、他人のコーディネートを見て「自分だったら

どうしようか」と考えることです。具体的には、休日に何時間も表参道に立って街行く人のコーディネートを観察し、素敵な服や小物を身につけている方にどこで購入したのか質問をするというもの。こう書くと、センスを磨くにはとてつもない勇気と膨大な時間がかかると感じるかもしれませんが、より手軽にセンスを磨く方法があります。

それはマネキンや街中で見かけた人のコーディネートを見て「なぜあの人はあの服が似合うのか、あるいは惜しい感じがするのか」「自分だったらどうするか」を考えること。最初は、自分のことより他人のことのほうが分かりやすいからです。今私はスタイリストの後進を育てていますが、授業でも学生同士で「愛あるダメ出し」をしています。すると学期末には見違えるほど洗練されるのです。

是非みなさんも、自分のセンスを卑下せずに、楽しく訓練してみてください。思い通りに服を着られる人生の豊かさを感じていただけたらうれしく思います。

おわりに

「人は外見ではない。中身だ」とよく言われます。人の外見に携わる仕事をしている私も、同じ考えです。ただ内面は一朝一夕で変えることはできません。その点外見を変えるのは、内面を変えるのと違って驚くほど簡単です。いつもと違う服を着るだけで見た目はガラッと変えられます。しかも、装いには内面まで変えてしまう力があります。私は以前ＣＡとして働いていましたが、ＣＡの制服を着るだけでまわりからの信用が得られることも、自分が自信をもって堂々と話せるようになることも実感してきました。ひきこもりの方が服を変えたのをきっかけに外に出られるようになった例やうつ病が改善したという例もあれば、選挙に当選した、就職できた、リサイタルがうまくいったという例もあります。

あなたは数年後にどうなっていたいですか。昇進していたい、結婚していたい、上手にプレゼンできるようになっていたい……。自分のなかで答えが出たら、まず似合う服を着てみてください。この本でお伝えしてきた通り、似合う服はあなたが本来持つ魅力を存分に引き出し、理想の自分に近づく人生のサポーターとなってくれるでしょう。

表情も明るくしてくれます。私の最高齢のお客様は85歳で、これまで何度もショッピングに同行してきました。華やかかつ体がすっきり見える服がお似合いの方で、そんな1着をまとうたび若々しさとピュアさ、そして笑顔があふれ出ます。その表情や姿は、いつもこちらが元気をもらうほどです。

似合う服がわからず「華やかな服は失敗しそうだし」と、シンプルで無難なものばかり選んでしまう気持ちもよくわかります。いつもと違う服を着るのは勇気がいるかもしれませんが大丈夫。紹介した似合わせ方は、私が15年のパーソナルスタイリスト人生で確立した、自信のあるノウハウですから似合わないはずがありません。

実際に本書では、これまで出した本以上にバリエーションに富んだ服を紹介しています。元々は「服選びは自由で楽しいもの、ということを伝えたい」という想いで遊び心あふれる服をピックアップしたのですが、今はこの「服1枚」のパワーはますます大きくなってきていると感じます。この原稿を書いている間にも「暖冬」「新型コロナウイルスの流行」「猛暑」などで世の中は大きく変化したからです。気温変化で重ね着が減ったり、リモートワークの普及でトップスはきちんと・ボトムスはラフにという風潮が生まれたりしました。つまり、今こそ1枚ずつ吟味して服を選ぶ絶好のチャンス。心躍る服を選び、理想の自分に近づいていってください。

最後に、楽しい撮影にしてくださったカメラマンの福田諭さん、頼もしい撮影アシスタントの弊社スタイリストＡｙｕｋｏさん、カラー診断にアドバイスくださったカラーコンサルタントの岩崎沙織さん、そして今回、長期間にわたり根気よくお付き合いくださったサンマーク出版の蓮見さんには感謝してもしきれません。皆様の想いをのせたこの本がたくさんの方のお手元に届き、読んでくださった方の明日からの装いに、新しい風が吹くことを願ってやみません。

2020年8月　霜鳥まき子

Profile

霜鳥まき子

（しもとり・まきこ）

パーソナルスタイリスト。株式会社 SPSO 代表。バンタンデザイン研究所講師。これまで15年間、約2万人へのパーソナルスタイリングを行う。日本航空国際線の客室乗務員として10年間勤めるなか、海外でパーソナルショッパーの仕事に出会い、スタイリストに転向。パーソナルスタイリストとしてコーディネートにとどまらず、お客様の自宅のクローゼットチェックからショッピング同行を通して、一人ひとりの人生に寄り添ってトータルプロデュースに携わる。品格ある大人の女性スタイリングが定評で、テレビや雑誌などでも活躍。著書に『洋服で得する人、損する人』（大和書房）、『世直しスタイリスト・霜鳥まき子の得する黒 損する黒』（小学館）などがある。
SPSOオフィシャルサイト　https://www.spsojapan.com

衣装はすべて著者の私物です。
現在購入できない場合がございますのでご了承ください。
各ブランドへのお問合わせはご遠慮くださいますようお願いいたします。

大人の服選びの教科書

2020年10月20日　初版印刷
2020年11月 5 日　初版発行

著者　霜鳥まき子
発行人　植木宣隆
発行所　株式会社サンマーク出版
〒169-0075　東京都新宿区高田馬場2-16-11
03-5272-3166（代表）
印刷　共同印刷株式会社
製本　株式会社村上製本所

ISBN978-4-7631-3822-4 C0030
https://www.sunmark.co.jp